和谐校园文化建设读本

秉公办事

赵 男/编写

吉林教育出版社

图书在版编目(CIP)数据

秉公办事 / 赵男编写. 一长春：吉林教育出版社，2012.6（2023.2重印）
（和谐校园文化建设读本）
ISBN 978-7-5383-8940-1

Ⅰ. ①秉… Ⅱ. ①赵… Ⅲ. ①社会公德教育—中国—青年读物②社会公德教育—中国—少年读物 Ⅳ. ①D648.3-49

中国版本图书馆 CIP 数据核字(2012)第 116041 号

秉公办事
BINGGONG BANSHI
赵　男　编写

策划编辑　刘　军　　潘宏竹
责任编辑　刘桂琴
装帧设计　王洪义

出版　吉林教育出版社(长春市同志街 1991 号　邮编 130021)
发行　吉林教育出版社
印刷　北京一鑫印务有限责任公司

开本　710 毫米×1000 毫米　1/16　印张　10.5　字数　133千字
版次　2012 年 6 月第 1 版　印次　2023 年 2 月第 2 次印刷
书号　ISBN 978-7-5383-8940-1
定价　39.80 元

编 委 会

总序

千秋基业，教育为本；源浚流畅，本固枝荣。

什么是校园文化？所谓“文化”是人类所创造的精神财富的总和，如文学、艺术、教育、科学等。而“校园文化”是人类所创造的一切精神财富在校园中的集中体现。“和谐校园文化建设”，贵在和谐，重在建设。

建设和谐的校园文化，就是要改变僵化死板的教学模式，要引导学生走出教室，走进自然，了解社会，感悟人生，逐步读懂人生、自然、社会这三本大书。

深化教育改革，加快教育发展，构建和谐校园文化，“路漫漫其修远兮”，奋斗正未有穷期。和谐校园文化建设的研究课题重大，意义重要，内涵丰富，是教育工作的一个永恒主题。和谐校园文化建设的实施方向正确，重点突出，是教育思想的根本转变和教育运行机制的全面更新。

我们出版的这套《和谐校园文化建设读本》，既有理论上的阐释，又有实践中的总结；既有学科领域的有益探索，又有教学管理方面的经验提炼；既有声情并茂的童年感悟；又有惟妙惟肖的机智幽默；既有古代哲人的至理名言，又有现代大师的谆谆教诲；既有自然科学各个领域的有趣知识；又有社会科学各个方面的启迪与感悟。笔触所及，涵盖了家庭教育、学校教育和社会教育的各个侧面以及教育教学工作的各个环节，全书立意深邃，观念新异，内容翔实，切合实际。

我们深信：广大中小学师生经过不平凡的奋斗历程，必将沐浴着时代的春风，吸吮着改革的甘露，认真地总结过去，正确地审视现在，科学地规划未来，以崭新的姿态向和谐校园文化建设的更高目标迈进。

让和谐校园文化之花灿然怒放！

本书编委会

目　录

天下一律　明君王岂在法外

唐太宗李世民和三国时的魏王曹操，是人们熟悉的历史人物。在封建社会里，他们都算是比较开明、重视法治的帝王。他们不仅要求别人严格守法，一旦自己做了错事，也能自觉反省、检讨，情愿受罚。这里讲的是两段他们以法律己的故事。

唐太宗降诏罪己

这事发生在642年。唐朝有个大将叫党仁弘，这个人很有才略，颇受唐太宗的器重，但此人后来变得很贪婪，他在做广州都督时，竟贪污赃款百万，依法应判为死刑。可是，唐太宗说什么也舍不得杀他，硬是让大理寺改判为流刑，流徙钦州，从宽处理了。

事过之后，唐太宗越想越觉得自己以私乱法，做得很不对，为此日夜不安。有一天，他把身边的官员都召集到太极殿上，心情沉重地说："法是天子和百姓都应遵守的，不可以私而失信。而今我却这样做了，宽赦本来应受死刑的党仁弘，是乱法行为。"并当场宣布，他将到南郊住蒿草房，吃素食，谢罪三天。

大臣们一听，都急了，皇帝做错这点事，竟要到郊外去自罚，未免太重了，纷纷上前劝阻。丞相房玄龄说："皇帝掌握生杀大权，何必因一点小错，自贬到这种程度呢？"唐太宗立即反驳道："正是因为皇帝掌握生杀大权，更要慎之又慎，严格执法，我怎么能因此而原谅自己呢？”

无论唐太宗怎么说，大臣们就是不同意皇帝到郊外谢罪。轮番相劝不行，最后齐刷刷地跪在皇帝面前，从早晨一直到下午，谁也不起来。皇帝只好同意不去了。但他坚持下一道罪己诏，明列自己三条罪状：一是知人不明；二是以私乱法；三是没做到赏善罚恶。表示要痛改前非，切实依法行事。

曹操割发代首

在200年，曹操率军和袁绍在官渡进行决战。大战前夕，为严明军纪，他下了一道命令：“军队行军，不许践踏麦苗，违犯者处死！”因此，行军每过麦田，骑兵们都十分小心，一律下马扶麦而行。

可是在一次行军中，曹操的坐骑突然受惊，跃入麦田，践踏了一片麦苗。曹操勒住马后，立即找到掌管军法的法官给自己议罪。法官觉得曹操身为统帅，正领兵打仗，不好议罪，便对曹操说：“按照《春秋》大义，法不加于尊，您是统帅，虽然违犯了法令，也不能治罪。”曹操生气地说：“什么《春秋》大义，制定法令的人自己违犯了而不受罚，怎么能统帅部下？”他见法官不肯定罪，拔出剑来便要自刎。部下慌忙拉住，恳切地劝阻说：“您是统帅，眼下决战责任重大，怎么可以随意轻生呢？”曹操镇静下来，叹了口气说：“我是统帅，虽不能自杀，但一定要加刑！”说着，就当着众将士的面，用佩剑刷刷地割下一大把头发，掷于地上。古时候，人们认为头发受之父母，是非常珍贵不容轻易割的，如果谁割了发，就表示犯罪了。古代有一种刑罚叫“髡(kūn)刑”，就是剃去头发。曹操割发谢罪后，接着又传令三军：“丞相践麦，本当斩首，今割发以代。”自此，三军将士军纪更加严明，很快就取得官渡之战的胜利。

与民同罪　杨坚不定皇子法

隋文帝杨坚是我国历史上一位很有作为的皇帝。他14岁时，就在京城监狱当狱吏，15岁时为散骑常侍、车骑大将军，16岁时被封骠骑大将军。他的三儿子杨俊，更是少年得志，聪敏过人。12岁时就做了洛阳刺史，16岁任山南道行军元帅，统帅十万水陆大军，取得伐陈之役的胜利。因而很受隋文帝的宠爱。不仅任命他为并州总管，还封他为秦孝王。

可是，随着功高爵重，秦孝王杨俊却不思长进，渐渐腐化堕落起来。他随意违反国家规定的制度，放高利贷残酷盘剥吏民，使不少官吏和老百姓深受其害。隋文帝曾派专使审查这件事，光为这事受牵连而处罚的就有一百多人。杨俊仍不知悔改，变本加厉，私下里大兴土木，盛建宫室。用香粉涂墙壁，以金玉砌石阶，雕梁画栋之间，还镶上明镜，嵌上宝珠，奢华至极，无以复加。杨俊平日不思国情，却经常带着宾客和妓女在华丽的宫殿中纵欢作乐。

隋文帝得知儿子杨俊公然违犯国法，贪财纵欲，骄奢淫逸，非常生气，将他召回京城，依法撤销了他的一切官职，责令他回王府住闲。大臣都觉得处罚重了，左武卫将军刘升出面为杨俊说情："秦孝王除了利用官物营造宫室以外，没有其他大的过错，臣以为是可以原谅的。"隋文帝严肃地说："法不可违！"刘升还想坚持为杨俊求情，见隋文帝怒形于色，吓得赶快住口。

后来，当朝重臣越国公杨素也凭着老面子规劝隋文帝："秦孝王虽然有过失，但处罚也太重了些，请陛下看在父子的情分上，饶了他这次吧！"隋文帝见杨素公然以父子之情劝说自己，庇护杨俊，生气地说："天子的儿子和百姓的儿子都应遵从一个法律。我是五个儿子的父亲，如果照您的意思去办，就应该为皇子们另外制定一部法律了？"隋文帝见杨素答不出来，接着又说："古代贤人周公执法不避亲疏，我虽然比周公差远了，但也万万不能做出庇护儿子而损害国法的事情啊！"最后，还是没有同意杨素的请求，坚持罢免了儿子杨俊的官职。

不久，杨俊因郁闷生了病，大都督皇甫统上表请求为杨俊复官，隋文帝仍然坚决不许。后来，杨俊因病而死，隋文帝面对儿子的尸体，伤心地大哭一阵。但哭罢又下令：杨俊的侈丽之物全部烧毁，送终一切从俭，以此作为后人之诫。隋文帝执法严厉、不徇私情的做法为世人所称颂。

大义灭亲　刘彻痛斩昭平君

你知道古代法律中的“预赎”吗？预赎就是在没犯罪之前，先向官府缴纳一定的金钱，以后一旦犯罪可以免受刑罚。汉武帝的妹妹隆虑公主，在她病危时，就曾拿出成千上万的钱，为她的儿子昭平君预先赎免死罪。昭平君不仅是汉武帝的外甥，还是他的女婿，因为昭平君娶汉武帝的女儿夷安公主为妻，可谓亲上加亲。

说起这个集当朝皇帝的外甥、女婿于一身的昭平君，可不是个省油灯。他依仗自己的特殊身份，平日里骄横无理，常常为非作歹。隆虑公主对此早有耳闻，担心儿子以后会闯大祸。所以在病危时，把她的皇兄汉武帝找去，流着泪向他诉说自己的心事：“我只有昭平君这么一个儿子，可他平素又不学好，真怕我死后他会触犯国法，判成死罪呀！现在我以黄金千斤、钱一千万，为他预赎死罪，请你答应我，这样我死也瞑目了。”汉武帝好言安慰了一番，并当场答应了妹妹的请求。

隆虑公主死后，昭平君愈益蛮横刁野。一次喝醉酒，竟无端把公主的傅姆给杀了。案发之后，法官将他逮捕，关押在内宫监狱。因为昭平君是公主的儿子，皇帝的外甥和女婿，所以法官不敢擅断，便奏请汉武帝论断此罪。

汉武帝平时是个执法很严的人，对于这件事却感到左右为难。按照法律，昭平君理应判处死罪，可是真要动手杀他，又觉得于心不忍。汉武帝想到妹妹临死前向自己预赎昭平君死罪的情景，禁不住垂泪叹息道：

"我妹妹年纪很大才生这么个儿子，千叮万嘱要我照顾他，现在他真的犯了死罪，叫我怎么办好呢?"左右大臣纷纷劝谏："既然公主生前已向陛下预赎了昭平君的死罪，就赦免了他吧!"

但是，汉武帝毕竟是个有作为的皇帝。他沉默了好一会儿，深沉而激动地说："法令是先帝创立的，要是由于妹妹的缘故，破坏先帝的法令，我还有什么脸面进入高祖的庙呢？而且这样做，也辜负了千千万万老百姓对法的信任，我不能徇私而枉法。"于是，毅然忍痛判斩昭平君。

汉武帝下了诏令，但仍不能抑制住内心的哀痛，泪流满面，悲伤不已。左右的人也都跟着落泪，金殿上下，一片沉寂。正在这时，太中大夫东方朔端着酒杯走上前来，向汉武帝高声祝贺。在场的大臣们都感到莫名其妙。只听东方朔高兴地对汉武帝说："臣听说，英明的君主治理国家，不因为是自己的仇人就不奖赏，也不因为是自己的亲戚就不处罚。而今陛下果真这样做了，四海之内的黎民百姓更会遵法守令，安居乐业，这真是天下的大幸啊！我冒昧举杯，祝陛下万寿无疆!"

听了东方朔的一番"贺词"，汉武帝的心绪逐渐平稳，更加坚信自己不徇私情，依法判斩昭平君是正确的。

法不避亲　子文以法囚家人

你知道古代圣人孔子吧？他和一个名叫子张的学生曾有过这样一段对话：子张问："楚国的子文一生三次当令尹(相当于宰相的官职)，从不喜形于色；三次被罢官，一点儿也没有怨愤的情绪，卸官以后，还主动热情地向新令尹认真交待公务。老师，您说这个人怎么样？"孔子以敬重的心情说："子文可谓一个尽忠于国家的人啊！"

春秋时期楚成王时的令尹子文，确实称得上是一位公正无私、尽忠于国的好官。他在成王执政的四十余年中，三上三下，全心辅弼成王治国，从不计较个人得失。百姓们作歌称颂："朝中有个好令尹，公平正直庶民亲。"西汉大学问家刘向，在他所著《说苑·至公》篇中记述了一件子文执法无私的事：

一次，子文的一个家人在外干了违法的事，被法官给抓了起来。正要讯问治罪，法官偶然间知道该犯是当朝令尹子文的家人，顿时吓得出了一身冷汗，不管三七二十一，急急忙忙就把人放了出来。

子文知道这件事以后，非常生气，当即召见办案人。那个办案人兴奋异常，以为令尹大人要面谢他，说不定因此还会加官晋爵呢！他越想越高兴，一路小跑来面见子文。没想到子文一见到他就厉声责问道：

"是你把犯人给放回来的？"

“是的！令尹大人。”

“命你马上把他抓回去依法治罪！”

“怎么？那人不是您的家人？”

“是我的家人就应该释放？岂有此理！”子文气得不知说啥是好，背着手来回在屋里踱步。过了好一会儿，他心绪才稍微平稳下来，严肃认真地对执法官说：“国家专设执法官，就是要他们及时查处违犯王令和国法的人，使他们不致逃避法律的惩罚。一个正直、称职的执法者，应该是温和宽容而不歪曲法令，依法办案而不屈于权势。而今你背弃国家的法令，无视法官的职责，随随便便地把罪犯放了，这不正是徇私枉法吗？难道是我子文有袒护家人之意？不然执法者怎敢不依法办案呢？”

听了子文这番话，那个执法官犹如从高山之巅一下跌进万丈深渊，心里说不出是什么滋味，支支吾吾地说：“令尹大人请息怒，此事与大人无关，小人只是觉得抓了令尹的家人……”

“抓了我的家人怎么样？我置身一人之下万人之上的官位，严格要求民众守法，违法者必受严惩。尽管有人怨恨，我并没有因此而赦免他们。而今天我的家人犯了法，若听任执法者揣度我的意愿将其释放，这不等于明明白白地告诉国人我子文徇私枉法、执法不公吗？执掌一国军政大权的人，若在民间有不重义而偏私的传闻，简直不如叫我死。”

说到这里，子文果断地把犯法的家人交给执法官，并坚定地说：“你不依法处罚他，我将死给你看。”这一来办案人哪敢再怠慢，立即把罪犯押回，依法判刑。

成王听说这件事以后，十分激动，连鞋都顾不上穿，急忙赶到子文那里，非常内疚地说：“我年轻无知，用人不当，以致违反您的本意。”成王很快就罢免了那个想徇私情不依法办案的法官，从此更加敬重信任子文，把重要的事情交给他做。

老百姓知道了这件事，更加拥戴子文，人们不约而同地说："有子文这样公正无私的令尹，我们还有什么担忧的呢？""子文家人，犯法当禁，法官释放，子文不允，依法处治，公正为民。"这一佳话被编成歌谣，一直在民间传颂着。

执法如山　勇董宣不畏权贵

汉朝的董宣(字少平),是历史上有名的“强项令”。他执法严明,刚直不阿,无论是谁违法作恶,都休想从他的手下逃过。无论是多高的权贵,哪怕是皇帝刘秀,也别想叫他低头。

董宣在作北海相的时候,当地有权势的官吏公孙丹建筑了一座豪华的住宅。但是风水先生说,这座深宅大院,没福气的住不进去,有福气的住进去,也得先死一口人。目无法纪的公孙丹竟叫儿子杀死一个过路行人,放进新屋内,以免自家人丧生。董宣得知这事后,怒不可遏,立即派人将公孙丹父子捉拿归案,依法处死。公孙丹的亲戚死党闻讯后,手执兵器到相府前威胁闹事。董宣毫不畏惧,当他查出这帮家伙曾参与谋反,并与海盗勾结为非作歹时,又毫不犹豫地命令部下水丘岑将他们逮捕法办。

可是,董宣的上司却以滥杀无辜的罪名,将董宣和水丘岑判成死罪。董宣入狱后仍不屈服,据理痛斥那帮糊涂官。临刑前,执刑官让他吃饭,董宣厉声说:“宣生平未曾吃过别人的东西,何况要死的时候!”正要行刑时,光武帝刘秀派专使来了解此案,董宣义正辞严地向专使陈述了事情的真相。最后,大义凛然地说:“公孙丹的案子是我办的,水丘岑没有责任,如果要杀就杀我吧!”专使回去向皇帝禀报后,刘秀很受感动,觉得董宣是个难得的人才,不仅赦免了董宣和水丘岑,还把董宣调到京都洛阳,任洛阳令。

董宣做了洛阳令后，碰到了一件更为棘手的事：光武帝的姐姐湖阳公主有个管家，一贯仗势欺人，横行霸道。有一次竟在大白天无故杀人。董宣十分恼火，下令抓他，可是他却躲在公主家里不出来。董宣是个小县官，又不得擅自进皇亲国戚的家门，但他不甘罢休。有一天，湖阳公主坐着马车出来，跟着她的正是那个奴仆。董宣上前就要抓人。湖阳公主竖起双眉，沉下脸来，阴森森地说："大胆的洛阳令，你有几个脑袋，敢拦我的车马？"董宣根本就没理会，拔出宝剑来往地下一划，大声数说公主的过错，命令衙役硬是把那个奴仆从车上拖下来，当场处死。

湖阳公主哪里受过这等委屈，气急败坏地赶到宫里，向光武帝大吵大闹地诉说董宣怎么欺侮她。光武帝听了，也怪董宣不该冲撞公主。立刻召董宣进宫，吩咐左右拿着鞭子在公主面前责打董宣。董宣倔强地说："用不着打，让我再说一句话，我情愿死！"光武帝怒气冲冲地问："你还有什么话可说？"董宣慷慨激昂地说："皇上是中兴之主，一向注重德行。现在却容忍公主放纵奴仆杀人，这样还能够治理天下吗？用不着打我，我自杀就是了。"说着，他就挺着脑袋向柱子撞去，即时头破血流。刘秀感到董宣的话有道理，又为他不怕死的精神所感动，赶忙叫内侍把他抱住，免他死罪。但要他必须向公主叩头赔礼。董宣却宁可把自己的头撞破或是让皇帝把头砍下来，也不肯给无理的公主磕这个头。皇帝又命内侍把他的脑袋摁到地下，可董宣两只手使劲地撑住地，挺着脖子，就是不低头。这内侍也真机灵，他明明知道刘秀不能给董宣治罪，可又得给他和湖阳公主下个台阶，就大声地说："回皇上的话，董宣的脖子太硬，实在摁不下去。"光武帝实在佩服董宣的刚强劲，笑着说："好一个硬脖子县令！"湖阳公主可笑不出来，带着讥讽的口气对光武帝说："你在做平民的时候，也暗藏过逃亡的犯罪之人，官吏不敢上门来搜查。现在当了皇帝，反倒对付不了一个小小的洛阳令。"光武帝笑着说："就因为我做了天子，不能再像做平民时候那么干了。"他一面劝姐姐回去，一面当众赞扬董宣，并赏钱三十万。董宣把这三十万钱都分给他手下的官吏。从此以后，董宣不怕豪门贵族的名声，震动了整个京师。

由于董宣依法办事，敢于斗争，豪强们莫不恐惧害怕。京城里的人称董宣为“卧虎”，并作歌褒奖他：“京城出了个董少平，鸣冤鼓声不再鸣。”

不顺圣意　张释之执法公平

西汉时，民间流传着这样一句话："张释之当廷尉，天下无冤民"。为什么呢？因为张释之这个人为官正直，执法严明，依法科刑，主持公平。不论是谁犯了法，侵害的是什么人，统统一视同仁，一断于法；依法治罪，无论谁不满意，就是皇帝老子发怒，他也是依法不依人，顺理不顺情。

一次，汉文帝出外巡视，像往常一样，车水马龙，前呼后拥，好不威风！正当皇帝的乘舆行经中渭桥时，桥下突然钻出一个人来，慌慌张张地四下乱跑。御马受惊，皇帝吓得出了一身冷汗，当即命令侍从骑士将惊马人逮捕，送交大司法官张释之处置。

张释之马上对这个人进行了审问，得知此人是本县的农民，到京城走亲戚，路过中渭桥，听到禁止通行的命令，赶忙躲藏在桥下，大队人马过了好一阵子，车马声、脚步声渐渐稀少了，他以为过完了，就从桥底下走了出来，没想到正赶上皇帝的舆驾，一时慌得不知往哪跑是好，致使御马受惊。根据当时法律规定，违犯禁止通行令，应当判处罚金。张释之依法对惊马人给予判决，然后把审判结果向汉文帝回奏，文帝听后即刻大怒："此人惊吓我的马，要不是这匹马性情温驯，我将必伤无疑。如此重犯你却仍照常法只判处罚金，岂有此理？"显然，依皇帝的意思，应对惊御马人加重处罚才是。而法官张释之自有道理，他一字一板地对皇帝说："国家所定之法，皇帝应和天下臣民共同遵守。法律既然对此有明文规定，就不应该因人变法。随意从重处罚，法将失信于民，天下执法者也会仿而效之任意从轻从重，果真那样，法何以安民心、顺民意呢？我身为最高司法官，应为天下持平之器，依法科罪是我的天职，请陛下三思。”听了张释之的一番话，文帝沉思良久，觉得廷尉确实是从治国大业出发，句句说得在理，于是诚恳地当众赞扬：“廷尉的判决是正确的。”

说来也巧，这事过后不久，又有人盗窃了高庙中刘邦坐像前的玉环。罪惊先帝，破坏祖庙，这还了得！汉文帝得知后，比惊他御马更为恼火，命令廷尉张释之对盗贼严加惩处。

张释之很快将此案审理清楚，依照法律规定，判处盗贼“弃市”，也就是将犯人押赴闹市，斩首示众。张释之把这个判决上奏汉文帝，文帝一气之下又怨恨判轻了，冲着张释之大发雷霆：“盗窃先帝庙中的玉环，败坏先帝高庙的尊严，还有比这更严重的犯罪吗？不加重处以灭族之刑，仅以常法判决‘弃市’，岂能解我心头之恨？”

张释之见汉文帝又欲以情越法，随意加重刑罚，镇静地据理力争：“判什么刑，应该根据犯罪情节的轻重来定，依照法律将盗贼判处弃市已经够重的了，绝对不可以灭其家族。如果今天这样做，明天再有个胆大包天的亡命之徒，敢在长陵取一抔(póu)土，又当何论呢？”(长陵是汉高祖刘邦的墓。这里所说取长陵一抔土，是掘坟盗墓的意思。)

汉文帝被张释之问得哑口无言，只得又当众称赞他：“言之有理。”

宽严依法　狄仁杰敢逆龙鳞

看过《武则天》这部电视剧的朋友，还记得狄仁杰的名字吧！他可是唐朝的一位名臣。曾经出为统帅，人为宰相，高宗仪凤年间，任大理寺丞，掌管全国刑狱大权。以正直敢言、办案公道名扬海内。他上任的第一年，就审理涉及17000余人的积案，公正得当，不偏不倚，没有一个喊冤叫屈的，一时在朝野上下传为美谈。平日他无私无畏、依法科刑的敬业精神，更为世人所景仰。

有一年，武卫大将军权善才负责一项建筑工程，因一时急需木材，误砍了昭陵一棵柏树（昭陵是唐高宗之父唐太宗的陵墓），唐高宗为此大为恼火，执意要将权善才处死。狄仁杰却认为仅砍陵墓一棵树，罪不当死，两次上奏坚持依法处以免职。高宗皇帝气得脸色铁青，怒发冲冠，冲着狄仁杰大动肝火："权善才敢砍昭陵柏树，触犯祖宗尊严，罪大恶极，必处一死，否则，你就是让我永受不孝之名。"左右的人怕把事情闹大，都示意狄仁杰别再坚持，希望他能依从圣意改判死刑。狄仁杰可不是那种胆小如鼠、见风使舵的人，他镇定自若，说古道今，据理力争："听说逆龙鳞不顺从圣上的主意，自古被称为天大的难事，臣以为并非尽然。在昏庸的夏桀、殷纣王之时，可谓难事，但在明君圣主的尧、舜之时，则不称其为什么难事。而今，臣幸逢胜似尧舜的开明之世，所以用不着担心规劝皇帝公正执法会招致什么祸害。"

怒不可遏的唐高宗，听了狄仁杰的这几句话火气渐消。狄仁杰继续侃侃而谈："昔日汉文帝时，有人盗高庙中的玉环，文帝非要灭其九族，最终还是听任张释之依法判为弃市。魏文帝时，文帝决定把冀州的老百姓十万户迁移到河南，朝臣们都认为不能这样做，但都不敢说话，辛毗(pí)拉住文帝的衣带申述反对意见，终被采纳。今陛下如不采纳我的意见，果真把罪不当死的人处死，我死之后，羞见释之、辛毗于地下。"狄仁杰说到这里，不禁泪流满面，高宗及在场的朝臣们也都为狄仁杰秉公执法的精神所感动。

狄仁杰见高宗有所悔悟，继续泪语话衷肠："陛下为昭陵的一棵柏树而杀一将军，后世将对陛下如何评价呢？明法高悬，陛下弃之不用，罪不至死而陛下硬下令处死，那么法律还能取信于民吗？法律无信，让老百姓如何是从呢？臣之所以不敢从命，是怕陛下落个无道昏君之名，请陛下深思。"

经过狄仁杰情至意尽的面折廷争，唐高宗终于被说服，权善才这个武卫大将军的性命，在清官狄仁杰的冒死力争下得以保全。

说起狄仁杰正直敢言、持法公平、依法解救众生的事，真是数不胜数。他在作豫州刺史的时候，曾冒着丢官杀头的危险上书启奏，使数千无辜之人免于死刑。当时，因越王李贞叛乱一案牵连坐罪者六七百家，籍没者五千余人。刑部大理寺一再催促狄仁杰行刑。狄仁杰念这些人因牵连而受害一再缓其狱，最后终于冒着为逆贼辩护处以死罪之风险，向武则天密表上奏："这些人是受牵连坐罪，并非存心造反，万望陛下光大宽宏仁慈之意，从轻发落。"武则天反复琢磨狄仁杰的上书，觉得言之有理，随即下令将株连罪犯发配丰州，得免一死。数千人的性命被保全下来了，他们非常感激狄仁杰的大恩大德，到达流放的地方，还立碑颂仁杰之德，以期清官之风万世流芳。

狄仁杰不仅持法公正，有法必依，而且更是疾恶如仇，违法必究。在他任大理寺丞的时候，朝中有个左司郎中，叫王立本。这个人依仗唐高宗的宠幸，为所欲为，搞得朝廷上下人人自危，各个害怕，许多大臣们敢怒不敢言。狄仁杰则无所畏惧，毅然向唐高宗奏本，历数王立本的罪状，请求将其交付大理寺依法论处。唐高宗一看，是要求惩处自己的心腹之人，很不高兴地说："王立本是个难得的人才，他的问题不必追究，就赦免他吧！"

狄仁杰哪肯罢休，愤而再奏，慷慨激昂地说："我们国家虽然需要人才，但可不是王立本这样的人！陛下为什么要怜惜罪人而亏王法呢？如果陛下执意要赦免他，那就把我流放于无人之地，以此为群臣之诫吧！"唐高宗被狄仁杰忠于职守、执法严明的精神所打动，最后只得同意了狄仁杰的奏请，将王立本交给大理寺，以法治罪。

不惧圣怒　戴少卿依法定罪

戴胄（zhòu）是唐朝相州安阳人，唐太宗为帝时，大理寺少卿的职戴位空缺，太宗说："最高审判工作，关系人的生杀予夺，戴胄为人清正、耿直，是个恰当的人选。"于是任命他为大理寺少卿。戴胄掌管刑狱大权以后，依法断案，公正科刑，"所论刑狱，皆事无冤滥"。他死时，皇帝亲自为其举哀，认为戴胄是太宗皇帝身边不可多得的"诤臣"。据史书记载，戴胄不阿帝旨、犯颜执法的事曾发生过多起，每次都是他据理说服皇帝，令太宗折服。这里讲两件典型的事例：

"明君应存大信于天下"

唐太宗时，功勋大臣的子孙可以享受特权候选为官。有人为了获取选官特权，弄虚作假，伪造家庭出身。太宗对此非常气愤，一怒之下，发布了一道敕（chì）令："有诈伪家庭出身者，令其自首，不自首者罪至死！"

敕令发布不久，就查获了一个伪造家庭出身的人。明习律令的大理寺少卿戴胄，并没有按照唐太宗的敕令判为死刑，而是按照当时的《唐律》，断成流刑，即将犯罪人放逐于远方，随即报奏唐太宗。

唐太宗见戴胄这样判处，立即怒形于色，质问戴胄说："我已下过不自首者处死刑的敕令，而今你却断成流刑，这不是对天下的人说皇帝的命令可以不算数，而有意让我失信于百姓吗？"

戴胄解释说："法是国家布大信于天下，皇帝的命令则有时出于一时的喜怒所发。陛下是由于对那些伪造家庭出身者的一时忿恨才下杀令的，现在既然知道那样做有过于法，及时改正过来，依法处置，这正是明君恶小忿存大信的气度啊！"

戴胄的耐心说服，终于使唐太宗醒悟过来，感激地说："我执法有误，你能纠正过来，我还有什么忧虑的呢？"

戴胄为了公平执法，多次冒犯皇帝的尊严，他说话口若悬河，滔滔不绝，义正辞严，所提建议多为唐太宗采纳。

"同是过失，为何判决有轻重？"

戴胄执法铁面无私，不论对谁都坚决依法办事。有一次，唐太宗的大舅子长（zhǎng）孙无忌拜见皇帝时，没有解下佩刀就走进了东上阁。有个名叫封德彝（yì）的高官认为，长孙无忌违法带刀入东上阁应罚金赎刑，而护卫宫门的军官没有及时发现阻拦应判处死刑。秉公执法的戴胄认为这样判决显失公平，当即反驳道："守门官和长孙无忌同是过失犯罪，如果判处长孙无忌罚金，而判处守门官死刑，那国家的法律就不称其为法律了！"唐太宗觉得戴胄言之有理，就说："法律是天下人的法律，我不能庇护自己的亲戚。"于是下诏令大臣们复议。

那个封德彝仍旧坚持原来的决断，唐太宗表示要予以认可。戴胄这时站起来愤慨直言:“这件事绝对不可以如此办理,守门官是由于长孙无忌的缘故才犯罪的,依法应该从轻处罚,即使都按过失犯罪论处,也不能只处死一人。”

唐太宗深为戴胄这种耿直无畏、公正执法的精神所感动,当场嘉奖了他,并免除了守门官的死刑。

百折不挠　严郢等护法斗妖

唐朝肃宗时，有一个叫申泰芝的道士，吹嘘自己能托神弄鬼，使人长生不老，因此受到皇帝的宠爱和重用。有一次，皇帝派他代表朝廷前往湖南抚慰百姓。他到湖南后，到处招摇撞骗，接受了上万的贿赂，还四下散布谣言，蛊惑人心。潭州刺史庞承鼎(dǐng)追查了申泰芝的罪行，并将他在湖南的所作所为奏告皇帝。

因为唐肃宗对申泰芝过于宠信，庞承鼎的奏折不仅没有引起他的重视，反而以诬告之罪将庞承鼎拘捕，押入江陵监狱，随后指派监察御史严郢(yǐng)对他进行彻底清查。严郢了解案情真相之后，非常气愤。他没按皇帝的旨意追查庞承鼎的"罪行"，倒把申泰芝的全部罪状进一步加以整理报奏给皇帝。皇帝看了严郢的奏章还是无动于衷，又继而派内廷宦官会同观察使吕湮(yān)一起再次进行审理。没想到吕湮也同前两个法官一样，又一次奏报了申泰芝的罪状，皇帝仍是不相信。

当时有个叫敬羽的御史中丞，他为了巴结申泰芝，讨好皇帝，竟不顾事实，出来为申泰芝开脱罪责。严郢平生最恨这种无耻小人，他义正辞严地驳斥了敬羽的庇护之言，坚持认定申泰芝有罪。皇帝勃然大怒，大声呵叱严郢，并要赶他出去。严郢毫不畏惧，进而向皇帝争谏说："庞承鼎奏告申泰芝贪赃，确实查获了赃证，揭发他妖言惑众，也查到了他书写的罪证。而申泰芝控告庞承鼎的，尽是一些无关紧要的小事，而且又没有证据，陛下怎么要治庞承鼎的罪，宽赦申泰芝呢？您就是把我杀了，我也不敢顺从您的旨意这么干。”

严郢说到做到，不管皇帝怎样袒护申泰芝的罪行，他还是果断地把申泰芝拘捕关押起来，并死死抓住他犯罪的各种证据，到朝廷和皇帝直言雄辩。皇帝见他执意不放申泰芝，非常不耐烦地令他退下。严郢为公平执法毫不退缩，继续上奏章为庞承鼎申辩，为依法追究处罚申泰芝，据理力争，并郑重地再次和皇帝说：“申泰芝犯了妖逆大罪，这种罪按照国法是不能赦免的，就是杀了我的头，我也坚持要陈述自己的意见。身为朝廷大臣，怎么能贪图生命而不去维护国家的法度呢？”

不料，严郢这一席恳切直率的肺腑之言，却触犯了皇帝。唐肃宗恼羞成怒，竟下令公布庞承鼎的所谓罪状，当众处死；把坚持依法办事、直言敢谏的严郢流放到几千里以外的建州。唐肃宗任意枉法、颠倒黑白、认妖为父的做法，朝廷上下怨声载道。

历史好像有意嘲弄这个昏君，没过多长时间，申泰芝妖妄不道，被定罪判为死刑，皇帝才发现为此案诛杀庞承鼎、流放严郢都是错案。好在这个唐肃宗后来还很识时务，下令为他们平反，追复庞承鼎原来的官职，严郢又当上了监察御史。

不惜亲情　腹䵍铁面杀娇子

你可能听说过儿子犯了罪，判了死刑，父亲到处求人说情解救儿子性命的事，但你听说过皇帝决定赦免不杀，老子却执意铁心让罪子受刑的事吗？这里给你讲一个。

战国时期墨家学派的领袖中，有个叫腹䵍（tūn）的，他年纪很大才得了个宝贝儿子，但从小就不娇生惯养，平日管教很严。有一次，不知什么原因，他这个独生子参与了一起偶然事件，竟行凶杀死一个人。腹䵍平素为人非常正直，主张法治，深受秦国臣民敬重和国君秦惠王的信任，是一位德高望重的老人。他的儿子出了事，朝野上下都为之震惊，人们议论纷纷。杀人偿命，情法之中，年高体弱的腹䵍能撑得住这样的打击吗？这是许多人最担心的。大家想一起去秦惠王那里求情，可是，国法难容，又不好开口，觉得很为难。而那些平日行为不端，对腹醇倡导法治、严肃法纪不满的人，这下可幸灾乐祸了："这个老头子平常说人呱呱的，这回轮到自己的儿子犯了事，看你怎么办！"

秦惠王知道这件事后，心里也很矛盾。按照秦国的法律，腹䵍之子杀人必死无疑，但一想到腹䵍，又确实难以下手，便决定破例将这件事特殊处理。一天，秦惠王把腹醇召来，当着众大臣的面对他说："腹䵍老先生，你的儿子杀了人，触犯了国法，依法应处死刑。但我念你功高德重，年迈体弱，又只有这么一个儿子，决定赦免他，我已下令刑官不处死你的儿子了，你放心地回去吧！"

听了惠王一番话，不少为老人家担心着急的人，如释重负，长长地舒了一口气。那些拉着架子等着看热闹泄私愤的人，见惠王这样说，觉得没戏了，也就不敢吭声了。看来，只等腹䵍叩头谢恩，这事就算过去了。

然而，出乎大家意料的，腹䵍既没叩头，也不谢恩，饱含激情的目光环视众臣以后，郑重而坚定地说了这样几句话："我平素要求大家要谨慎守法，但没有教育好自己的儿子，如今他杀了人，理当依法偿命。大王为了照顾我年老，下令赦免我儿子的死刑，但我决不能违犯秦国的法令，也决不能不执行墨家的法规，我诚恳地请求大王还是依法处死我的儿子吧！"

秦惠王和在场的大臣都深为腹醇公正无私、言行一致、大义凛然的精神所感动。但也有人觉得他这样有点过于固执，便上前劝腹䵍说："老先生，你刚正无私的高风亮节大王深知了，众人也亲见了，但既然国君已经下令赦免，你就不要再说处刑了，你不考虑自己，难道还不疼爱亲生儿子吗？"说到儿子，腹䵍顿时老泪纵横，触动真情地说："世上哪有不疼爱怜惜自己儿子的父亲呢？可是，我的儿子杀死的也是别人的儿子啊，难道死者的父亲就不心疼自己的儿子吗？要是不处死自己的罪子，怎么对得起死者的父母呢？我平日要求别人守法，自己家的人违了法却不受罚，怎么能让人家心服呢？我儿子不义杀了人，但我不能徇私乱了法，大王的赦免令我是断断不能接受的。"

秦惠王见腹䵍这样恳切、坚决，只得依法处死他的独生子。腹䵍公心护法、大义灭亲的事迹传扬开来，秦国的官吏和老百姓更加敬重他了。

唯法是从　李校尉先斩后奏

东汉桓帝时，有一个负责纠察京师百官和所辖近县的校尉，名叫李膺（yīng）。他为官正直，执法严明，可谓是名震一时的清官。据史书记载，当时社会上谁若有幸见李膺一面，自以为是登龙门。经学家荀爽曾去见过李膺，回来后高兴得不得了，颇有李白“生不愿封万户侯，但愿一识韩荆州”之幸。好人见到他受宠若惊；不大好的人或是违法犯罪的人，别说是见他，就是听到李膺的名字，也畏惧三分。由于他法纪严明，不徇私情，平日那些不守法度、侵害百姓的宦官都格外小心谨慎。即使轮换休息的日子，也不敢随便走出禁宫。桓帝感到很奇怪，有一次问他们什么缘故，他们叩头回答：“害怕李校尉。”

当时，有一名叫张让的宦官，很受皇帝的宠幸。他有个弟弟叫张朔，是野王县的县令。这个人平日里贪婪狡诈，凶狠残忍，无恶不作，有一次甚至无视国法，无故把一个孕妇给杀了。张朔听闻新上任的司隶校尉李膺执法严厉，自知罪恶深重，一旦被查出，难逃法网，所以慌忙弃官逃回京城，躲藏在他哥哥张让家中的一个大柱子里。

俗话说，要想人不知，除非己莫为。张朔的罪状很快就被李膺查得水落石出，而且准确掌握了藏匿的地点。便亲自率领众将吏直抵张让的住宅，二话不说，破开柱子就将罪犯张朔逮捕。很快审理完毕，证据确凿，罪大恶极，李膺当即下令，将张朔处死，为死者偿了命。

张朔的哥哥张让得知此事，马上跑到桓帝面前，状告李膺枉杀他的弟弟。桓帝听了，即刻诏李膺入殿，责问他为什么不经奏请批准就诛杀张朔。李膺一点儿也不畏惧，镇定自若地回答：“古代曾有这样的先例：春秋时晋文公事先没奏请周天子，就将卫成公抓起来，押解到京城，《春秋》认为此事做得对。《礼记》也曾这样说：与国君同宗的贵族有罪，国王即使让宽赦，执法的官吏也可以不听从。昔日孔子当鲁国司寇，上任七天便把与他政治主张不同的少正卯杀了。我上任已经有十多天了，自己很担心积压公务而犯错误，不料我迅速审理案子却反而招来罪过。撤职、处刑都可以，但我请求再留任五天，容我把那些恶人杀绝，然后就是用锅把我煮了，我也心甘情愿。”

桓帝听了李膺这番至情至理的话，不仅没再责备他什么，而且称赞他做得对。回头对张让说：“你弟弟是罪有应得，司隶校尉有什么过错呢？”从此以后，李膺的威名传遍国中，人人都知道有个天不怕地不怕、执法如山的李校尉。

秉公执法　海青天尴尬上司

家贫出孝子，国难见忠臣。明朝嘉靖年间，政治腐败，国困民穷，朝廷里却出了个勤政爱民、敢顶歪风的清官——海瑞。

海瑞以刚正不阿、执法无私与历史上的包公齐名。因为他出生在南方，又常在南方为官，所以人们尊称他是“南包公”。说起这位“南包公”不阿权贵、不惧官威、秉公执法的事，那真是举不胜举。这里仅选两例：

怒惩“胡大公子”

明朝时有个上欺天子、下压群臣的奸相叫严嵩，严嵩有个得意门生叫胡宗宪，胡宗宪有个儿子，人称“胡大公子”。提起这胡大公子，那真是臭名远扬。他仗势欺人，横行霸道，无恶不作。

一天，他带了一帮狐朋狗友流窜到淳安县，抢掠财物，调戏妇女，闹得鸡犬不宁。到了驿站，一看没给备好酒菜，便掀翻餐桌，砸坏坐椅，捆绑殴打公差。

当时，在淳安县当县令的海瑞闻知后，勃然大怒，当即命人将胡大公子一帮人押赴公堂受审。海大人的手下明白这一干人的来历，都劝他忍耐一些，免得祸及自身。海瑞微微一笑，说道：“放心吧，我自有道理。”

那胡大公子挺胸凸腹地进了公堂，仍是傲慢无礼，立而不跪，大声叫喊："海瑞，你可曾认识当朝胡总督？"

海瑞轻蔑地看了他一眼，若无其事地答道："那还用问？胡总督是太师严嵩的门生，是我的顶头上司。"

胡公子得意地说："知道就好，那就烦你来亲自给我松绑，向我赔罪吧！"

海瑞故意喝道："你是什么人？如此口出狂言，胡大人和你有什么关系？"

胡大公子放肆地喊道："海瑞，你不要明知故问，本公子坐不更名立不改姓，本人就是胡总督的儿子胡……"

还没等他把话说完，海瑞把惊堂木一拍，大声说道："好大胆的狂徒，光天化日，朗朗乾坤，岂能容你为非作歹，冒充总督大人的公子，败坏胡大人的清名。来人啊！将狂徒拉下重打四十大板！"

胡公子的一个随从闻听大惊失色，忙双膝跪倒，苦苦哀求："海大人息怒，我家公子年少气盛，有冒犯大人之处，还请大人海涵。不过，我们此次出游，确有总督老爷的亲笔信，绝不是冒充的呀！"

海瑞一听，厉言正色地说道："大胆毛贼，竟敢伪造胡大人的信件！胡总督为官清正，岂能放纵亲属横行乡里，扰害百姓，再打四十大板！"

海大人狠狠惩治了这一伙歹徒后，当即给胡总督修书一封，大意是：有一伙狂徒冒充胡大人的家人，流窜到淳安胡作非为。为执行国家的政纪，为保护总督大人的声誉，本县令狠狠惩治了这帮恶人。今派衙役将案犯押送总督府，望大人明察严办。

总督胡宗宪见儿子被打得皮开肉绽，暗自咬牙痛恨海瑞，但他是哑巴吃黄连，有苦说不出。从此，淳安县的吏民更钦佩海大人的胆识了。

秉公执法谢恩公

海瑞上书骂皇帝，由于宰相徐阶出面说情，才保住了性命，只被关入狱中。后来，嘉靖皇帝死后，徐阶又将海瑞保释出狱，接着又推荐海瑞到南京做官。徐阶可算是海瑞的恩人，因此，海瑞对徐阶十分感激。徐阶因故免官回故乡松江路过南京时，他还亲自赶到城外去迎接，二人相见，感慨万分。

过了一段时间，海瑞升任右佥(qiān)都御史，巡抚应天十府，徐阶的故乡松江府也在他的管辖界内。他一上任，为了解当地情况，贴出告示，让凡是有冤有苦的都来告状。没想到收到的状子都是告徐阶儿子的。原来，徐家是江南第一大地主，有田十万亩。徐阶的儿子是当地有名的恶霸，人们恨透了他。徐阶回返故里，不仅不劝诫儿子改恶从善，而且还纵子枉法。

海瑞万没想到自己一向敬重的恩人徐阶竟是这样一个人，既惋惜又气愤。于是，连夜亲自前往华亭县徐阶家中。徐阶见到海瑞，热情异常。没想到寒暄几句以后，海瑞竟一桩桩一件件的历数他儿子所犯的罪行，并说定要依法治罪。徐阶一听，脸上顿时变了色，但还是忍住气用缓和的口气说："海大人办事认真，我一向敬佩。这不肖之子做的事，我一无所知，以后定要严加管教。这回你就念我过去对你的微恩，饶了他吧！"海瑞听罢严肃地说："老相爷救过我的性命，我时刻铭记在心，总想报答大恩。但我也深知当年老相爷救我，为的是要我多为国家为百姓办一点事，我如今秉公执法，正是为了不辜负老相爷的期望，也是报老相爷之恩啊!”

海瑞最后终于秉公惩治了徐阶的儿子,勒令他退回全部强占的农田,交给百姓。村民们不知怎么感谢海大人,纷纷把他的像挂在家中,永远怀念刚直不阿、秉公执法的清官海瑞。

不徇私情　韩厥执法报相恩

春秋时期，晋国有个叫韩厥的，他从小寄养在相国赵盾家里。赵盾曾任晋国三朝的宰相，为人正直，治国有方，深受国人敬重。韩厥自幼受其熏陶，知书达理，明法悉政，很有出息。前615年，秦国攻打晋国，晋国的国君命相国赵盾率兵迎敌。赵盾整点三军，发现军中缺一个掌管军政的司马官，于是就向晋灵公推荐韩厥当了司马。

韩厥果然不负厚望，上任以后，辅助统帅，样样事情都办得头头是道，军中上下一片赞扬声。总攻发起了，晋军队伍整齐，军纪严明，浩浩荡荡，好不威风！正当队伍齐刷刷地向前行进之时，忽然有一辆车向中军横冲直闯而来，队伍一下子乱了套。司马官韩厥气得冲着驾车人大声呵斥："什么人胆敢违反军纪，直闯中军？"驾车人勒住马，漫不经心地看了韩厥一眼，满不在乎地说："赵相国的家人，相国忘了带饮具，奉命回取，特此追送。"韩厥一看驾车人那神态，听他那自恃特殊的口气，更是气愤，怒喝道："兵车行列有序，岂能容许乘车擅入？依法当斩！"那驾车人一听，顿时吓得魂飞魄散，连连申辩："是相国的命令，是相国的命令啊！"韩厥却不听那一套，威严地说："司马官例行军务，只知有军法，不知有相国！"说完，斩钉截铁地下令："斩驾车者，毁坏乘车！"旁边的人一看司马官真要动真格的，连忙解劝说："此人是跟随相国的家人，又是奉相国之命，就放了他吧！"韩厥哪里肯听，继续高声大喊："不管什么人，违反军纪都要依法从事。速速斩人毁车！"

趙

事情发生后，众多正直的官兵都很钦佩韩厥严明法纪、执法不苟、不徇私情的精神和气质，但心里也为他捏着一把汗，深怕相国怪罪韩厥。也有些趋炎附势、心术不正的人，忙不迭地到赵盾那里打上了小报告，并煽风点火地说："韩厥自幼是你抚育的，这回又是由于你的推荐才当上了司马官。可他竟如此不讲情面，公然杀你的家人，毁你的车辆，这样忘恩负义的人，决不能重用。"

赵盾听了笑了笑，什么也没说，只是派人把韩厥召来。人们猜测这下韩厥可没好果子吃了，弄不好要受重罚，起码也要撤职，至少也得挨一顿严厉的训斥。谁知赵盾见到韩厥，不仅没有怒声斥责，反而降座笑迎，施以重礼，并拍着韩厥的肩膀说："你能这样严以执法，不徇私情，实在没有辜负我的养育和举荐啊！你做得对，做得好，希望你能坚持下去。"然后又严肃地对诸将军说："韩厥为国，执法无情，做得完全对，你们都应该向他学习。像这样秉公无私的人是十分难得的。以后在晋国执掌三军的必定是韩厥。"

韩厥执法为国，打狗不看主人；主人赵盾不仅不计较，反而大加赞许。在他们身上反映出来的法高于情、法大于权的观念和行动是多么可贵呀！

不私其友　苏刺史酒后翻脸

俗话说，在家靠父母，出门靠朋友。多个朋友多条路。大凡成了古语的话都有一定道理，怪不得不论是谁，都把结识新朋，联系旧友看得很重要呢！

汉顺帝时，苏章被任命为冀州刺史，刚到冀州上任，就立即设酒备菜，宴请他在冀州所辖清河县当县令的老朋友。阔别多年的老友重逢，兴奋之情溢于言表。苏章笑容满面地把客人迎进客厅，喝酒言欢，真有说不完的话。这清河县令早年和苏章是形影不离的同窗好友，两人情深义重，交往甚密。在苏章危难之时，他曾解囊相助，苏章一直感恩不尽。难得相聚对饮，苏章哪有不多敬几杯之理？清河县令见老友不忘旧情，对自己这样亲热，心里一大块石头落地，别提多痛快了。他美滋滋的暗自庆幸：这真是天无绝人之路，我有刺史大人这个老朋友做靠山，谁告我也不怕了。苏章还能不看在老朋友的面子上帮着我点儿吗？他越想越高兴，竟得意忘形地对苏章说："别人头上只有一重天，而今我的头上却有两重天。"苏章不解其意，问这话什么意思，清河县令笑嘻嘻地说："不瞒老朋友讲啊！我这些年在这穷地方做官，实在清苦得很，因此多少也受了点儿贿。前些天不知新来的刺史是谁，我心里还着实害怕哪！如今你当这里的刺史，我还怕什么呢？有刺史大人给我撑腰，这不是比别人头上多了一重天吗？"

看着县令那副得意扬扬、沾沾自喜的样子，听了他这一番令人作呕的话语，苏章的脸色顿时沉了下来。没想到当年的好朋友竟变得这样卑鄙庸俗，不仅大言不惭地侈谈受贿，还厚颜无耻地要朋友袒护包庇，做他的靠山，亏他说得出！苏章站起来一本正经地说："朋友之情，是你我之间的私事，执法断案可是公事。虽然我们过去的友情不错，但如果你真的贪赃受贿，我可不会徇私枉法。"那个县令朋友还以为苏章和他开玩笑，便接过话题说："老朋友你不用说这话吓我，我看你到时候怎么好意思对我下手。"苏章见县令如此情法不分，便更加严肃认真地说："今天，我苏章请你来饮酒，念的是你我朋友私情；明天，我作为冀州刺史来执法断案，那可得公事公办了！"县令一听，苏章果真要不讲情面，依法办事，顿时心里没了底。一场重逢喜宴就这样不欢而散了。

第二天一早，苏章果真派专人调查清河县令的所作所为。不久便查清，这个县令果然是个鱼肉百姓的不法赃官。平日横行乡里，搜刮民财，干了许多坏事。苏章毫不客气地立即下令将其捉拿归案，并当众斥责了他的罪恶行径，坚决地依法判了刑。

当地的大小官员见新刺史如此不讲私情，法纪严明，一个个都规规矩矩，不敢放肆；手脚不干净或有罪行的人，主动坦白自首，争取宽赦；老百姓见新刺史执法公平，为好人出气，交口称赞，都说苏章是个难得的清官。

按律科刑　赵绰惜法不惜死

古代最大的官儿就是皇帝。皇帝口含天宪，言出法随，叫谁死谁就难活。朝中的大臣官员们，见了皇帝，多是敛声屏气，一逢召见，竟无所措手足，只知连呼万岁，磕头谢恩，谁敢说个不字？但其中也真有不听邪的，他们为了力主正义，不畏皇帝的权势，不惧皇帝的淫威，犯龙颜、逆龙鳞，太岁头上动土。隋朝的赵绰，就是这样一个执法公正、刚直不阿的法官。

“陛下宁杀臣，不可杀辛亶！”

赵绰任大理寺少卿时，碰到这样一件事：有个叫辛亶（dǎn）的刑狱小官，听人说穿绛色裤子能够官运亨通，便也弄了一条穿上了。隋文帝知道后，认为这是背后诅咒别人的一种巫术，顿生厌恶之气，下令立斩辛亶。

辛亶被交到大理寺，熟知法度的赵绰认为仅此一事判斩太重了，于是对隋文帝说：“按照法律，不可以杀辛亶，我不能执行您的诏令。”隋文帝一听就火了：“你爱惜辛亶的性命，难道不爱惜自己的性命？”意思是说，你不执行我的旨意，自身性命难保。面对怒气冲冲的隋文帝，赵绰态度坚决地说：“陛下宁杀臣，不可杀辛亶！”隋文帝见赵绰如此倔强，竟敢当众顶撞自己，一气之下命令左仆射高颎把赵绰拉出去处斩。赵绰脸不变色，昂首而下，解衣待刑。隋文帝见赵绰死到临头，还坦然自若，感到莫名其妙，连忙派人追出去问他此时有何感想，赵绰大义凛然地说：“执法一心，不敢惜死！”隋文帝听到回话，拂袖入内，细心考虑，觉得还是赵绰坚持得对，自己太过分了。于是转身下令赶紧把赵绰放了。第二天，隋文帝又亲自对赵绰表示歉意，并赐他三百匹绸缎作为慰劳。

“罪当杖责，不可判杀！”

赵绰对犯了法但罪不当死的普通百姓，也坚决力主不枉杀。当时，隋文帝曾下令禁止使用私铸钱币。一次，长安大街上有两个人悄悄地用私铸币换国家铸的五铢钱，被巡视的官吏当场抓到，送进衙门。隋文帝闻报后，坚持要把这两个人杀掉。赵绰又当即阻拦：“这两个人犯了禁令，按刑律只能处以杖责，不能处死！”隋文帝生气地说：“这是我的命令，不关你的事！”赵绰接过话头理直气壮地说：“陛下让我当大理寺官员掌管司法，现在遇到不依刑律办事，枉法杀人的事情，怎么和我无关呢？”隋文帝被问得无言答对，便施起皇帝的淫威，竟指着殿上的大柱说：“你能把它撼动，就不杀；若撼不动就赶紧退下！”赵绰意味深长地说：“陛下这话可是无稽之谈，有谁能撼动这大木柱呢？”隋文帝恼羞成怒，厉声厉色地说：“喝汤的人懂得，汤太热就得赶紧放下，不然会烫坏嘴。皇帝的权威你是知道的，你如此不知进退，是存心挫败我的权威不成？”赵绰一面叩头请罪，一面继续据理力争：“我只是想感动陛下的心，希望陛下不枉法滥杀，此举事关重大啊！”隋文帝争不过赵绰，又摆脱不了赵绰，无论怎样呵斥他，他也不肯退下，最后终于依了赵绰，免除了那两个违禁百姓的死刑。

“来旷有罪，但不当斩”

赵绰对曾经伤害过自己的人，也绝不随意枉法。在他手下有个叫来旷的，知道文帝不满意赵绰对他的顶撞，就火上浇油，私下上书隋文帝，说大理寺执法太宽，滥免囚徒。这正合主张严刑峻法的隋文帝的口味，因此对来旷印象不错，提升了他的官职。这一来，来旷的胆子更大了，昧着良心多次诬告赵绰徇私舞弊，赦免不该释放的罪犯。文帝派人到大理寺调查，根本没有这码事。文帝勃然大怒，立刻下令处死来旷，并有意把此案交由赵绰去办，心想，这回我看你还讲不讲慎杀之类的话了。出人意料，赵绰还是向文帝进谏：“来旷有罪，但不当斩”。文帝见赵绰果然秉公执法，不计私仇，很受感动。相比之下，就更觉得来旷可恶，坚持非杀不可。他怕赵绰缠住不放，欲转身入内。赵绰见文帝要走，心生一计，连忙拜倒说：“陛下请留步，我还有急事禀报。”隋文帝见他确有要事的样子，便召他到内宫启奏。原来赵绰要说的还是来旷的事，只是换了个名目。他诚恳地说自己有三条大罪：“一是身为大理寺少卿，没有管教好部下来旷，使他犯了法；二是来旷本来罪不当死，作为法官没有冒死力争；三是本来没有其他事由，只是为能进内宫继续求免来旷死刑，竟说了假话，欺骗了陛下。”隋文帝听了，又好气又好笑，坐在隋文帝旁边的独孤皇后也被赵绰的言行所感动，赐赵绰两杯金酒。最后，隋文帝高兴地接受了赵绰的劝谏，下令免去来旷死刑，发配广州。

疾恶如仇　桥玄捕贼舍幼子

这里说的是东汉末年有名的太尉——疾恶如仇、舍子捕盗的执法官桥玄的感人事迹。

据史书记载，桥玄年轻的时候，作县里掌管人事、考查记录功劳的功曹。当时有个叫羊昌的人，非常霸道，经常胡作非为，搅得四邻不安。由于他是大将军梁冀的亲信，人们既不敢怒，也不敢言，更不敢动他。桥玄生来眼里揉不得沙子，羊昌的罪行早就使他怒火中烧，几次想治他，苦于不在自己的管辖范围之内，难以动手。

有一次，豫州刺史周景来到桥玄所在的县，桥玄气愤地向周景告发了羊昌的罪行，并请求周景下令让他去办理羊昌的案件。周景也感到这样的恶霸不除，天地难宁。于是，立即派桥玄去查办处理。

桥玄接到刺史的命令，火速带人来到羊昌家乡，先把他那些平日在一起为非作歹的狐朋狗友抓起来，要他们交待羊昌的罪行。这里还没有向他动手，羊昌就慌了神，急忙派人向大将军梁冀求救。梁冀听说后，赶紧命令他手下的人拿着他的亲笔信去找周景，命令不准触动羊昌。周景见大将军来令，也没了主意，马上把桥玄找来，把梁冀的信拿给他看，叫他好汉别吃眼前亏，不要再查办羊昌一案了。桥玄见梁冀竟无视军纪国法，如此公开包庇罪犯，气得两眼直冒火，狠劲把信摔给周景。大将军的命令不但没能阻止他继续查办，反而促使他加紧行动，取得确凿证据后，果断地把羊昌抓了起来，依法给予了严厉制裁。从此，桥玄不惧权贵惩恶霸的名声便传扬开了。

桥玄更令人钦佩的是他作了全国最高军事长官太尉时，舍亲子捕盗贼的事儿。当时，社会上有一股绑架人质、勒索钱财之风。一次，桥玄10岁的小儿子独自出去游玩，不幸被3个歹徒绑架了。这帮家伙以桥玄的爱子为人质，向桥玄勒索银两。他们把10岁的孩子挟持到楼顶，声言如果不拿银两来，就杀死他的儿子。桥玄坚决不肯出钱，因为他明白，轻易给钱的结果，只能助长绑架之风。宁可不要儿子，也决不能让歹徒如愿以偿。这时司隶校尉阳球率河南尹和洛阳令一帮人赶来营救，由于怕歹徒伤害桥玄的儿子，焦急地站在那里，迟迟不肯出手。桥玄见此情景，急得眼眶都要瞪裂了，冲着阳球校尉大声喊道："歹徒如此猖狂，绑架之风如此可恶，我岂能为了儿子，让国贼逍遥法外？快动手啊！"在桥玄的极力催促下，阳球下令将歹徒捕获，但桥玄的爱子也因之而丧生。

桥玄痛失爱子，心如刀绞，但他没有沉溺于个人伤感之中，而是很快振作起来，上书汉安帝："天下凡有劫质，皆并杀之，不得赎以财宝，开张奸路。"当时的名士蔡邕（yōng）听到此事极为感慨，曾用"百折而不挠，临大节而不可夺"赞叹桥玄。

拒受请托　护法高奏正气歌

你知道我国古代西周中期的《吕刑》吗？它是当时审理狱讼的重要刑事法律。那上边明确规定了法官的“五过”之罪：即惟官、惟反、惟内、惟货、惟来。惟官就是依仗权势，袒护违法官吏；惟反就是凭借职权，私报怨仇；惟内就是靠裙带关系走内线；惟货就敲诈勒索，行贿受贿；惟来就是接受请托，徇情枉法。那时周王就把这些定为必惩之罪，看来这是古往今来在司法问题上都容易出现的事情。执法者如果能在这几个方面经得住考验，也就称得上值得敬佩的法官了。

凡事都是说起来容易，做起来难。你就说拒受“请托”这一条吧！不是铁面无私、一心执法的人就很难过这一关。

“请托”，通俗地说就是和法官拉关系走后门，以求轻判和免刑。能走法官后门的人，和法官都不是一般的关系，不是亲戚朋友，就是权势、地位显赫的上司，总之都是不好得罪的人。亲戚朋友怠慢点儿还关系不大，大不了以后不走动。上级领导或是顶头上司交办委托的案子，公事公办往往就不会有好果子吃，甚至都有饭碗被砸的可能。但在我国法制史上，从古代说起，真就有那么一些铁面无情、真心护法的执法官。东汉时期许昌县县令满宠和后魏孝庄帝时的廷尉崔光韶就是其中的典型。

满宠不惧上司严惩恶霸

满宠是东汉末年人，汉献帝建安六年，曹操任命他为许昌县县令。当时，曹操的堂弟曹洪有个结拜兄弟在许昌县为非作歹。可是，碍着曹洪的面子，谁也不敢治他的罪。满宠可不管那一套，他刚上任不久，便将他拘捕治罪。

曹洪听说一个小小的县令竟敢把他的至亲抓了起来，立刻火冒三丈。可他冷静下来转念一想："也许满宠不清楚我和这人的关系，假若我出面给他写封信，把关系讲明白，他肯定会放的。"于是，赶紧给满宠修书一封，派人送去。

满宠本来就对曹洪放纵亲朋违犯国法气愤至极，如今亲眼见他居然凭着自己的权势，出面说情包庇，更是不能容忍，所以根本对它不屑一顾，把书信扔到一边，继续审问案犯的罪行。

曹洪万没想到满宠一点面子也不给，气得直发抖，连夜去找曹操，请堂兄出面干预此案。

这时满宠已把曹洪结拜兄弟的罪行审查清楚，依法判为死刑，正准备上报。一听曹操找自己，料到是曹洪告了状。满宠心想，如果曹操下令赦免，罪犯就会逍遥法外，继续祸国殃民。于是当机立断，提前斩了曹洪那个作恶多端的狐朋狗友，而后将案件处理经过向曹操报告。

曹洪一见满宠到底还是把人杀了，恨得咬牙切齿，怒气冲冲地对着曹操大发怨气，硬说是满宠借机和他们哥俩儿过不去。可曹操看完案卷以后，高兴地说："你的那个朋友罪当斩首，满宠秉公执法，对事不看人，有什么不对呢？"

崔光韶怒斥求情者

后魏孝庄帝时，崔光韶任廷尉。当时，掌典图书和文字的秘书监祖莹，因犯贪污罪被判为重刑。

不知这个秘书监为何有如此神通，他被判刑后，廷尉崔光韶那里就没断了给说情的人，而且还都是位居显赫、身负要职的高官：全国最高武官太尉城阳王徽、执掌朝中奏章文书的尚书令临淮王彧（yù）、专掌全国官员任免的吏部尚书李神儁（俊的异体字）、皇帝身边的侍从李彧等等，这些当时有权势有声望的人，都来替祖莹求情，要求崔光韶对他从宽处理。

刚直不阿、一身正气的崔光韶对他们这种蝇营狗苟的作为非常反感，正言厉色地当面痛斥道："你们这些在朝廷管事的贤良，身居要位的高官，像舜那样的功绩没听说有一件，怎么替犯罪的人说话求情反倒来本事了呢？如果可以随意徇情枉法，那国家制定法还有什么用呢？"

直到最后，崔光韶还是不肯改变正确的判决坚持对祖莹处以重刑。

不计前嫌　上司与执法者亲

古代一些明君贤臣主张以法治国，很注意从自我做起。他们不仅自己秉公执法，而且对那些依法办事、不徇私情，特别是和自己过不去、追究处罚自家亲人的执法者，更是给以支持、鼓励、褒奖以至于真心实意地和他们交朋友。

朱元璋慰问嘉奖河桥吏

朱元璋是明朝的开国皇帝。他执法严明，苛于律己，在他70岁的时候，还依法赐死了他的女婿欧阳伦，也就是命令他自杀，使自己的独生女儿成了寡妇。事情是这样的：

朱元璋于洪武三十年（1397年），为发展汉族和少数民族之间的贸易，曾下了一道严禁走私的命令，并宣布如有违反者“置以重法”。许多投机商人都害怕了，可是唯有朱元璋的女婿、当朝皇帝的驸马欧阳伦满不在乎，照常走私不误。就在禁令刚下的第二个月，他又在陕西公然指使地方官给他私收茶叶，命他的管家周保向地方官索取50辆大车，装好后，让周保押着运往兰州。

畏于驸马爷的权势，各级官员眼见他公开违法也不敢管。因此一路关卡纷纷放行。然而，也真有不听邪的，当车队行至兰州黄河桥头时，负责检查的河桥吏却喝令周保停车检查。这河桥吏虽然官不大，但责任心很强，忠实执行法令，一丝不苟。当他发现是偷运的禁品茶叶后，就坚决不让过桥，并要按法令处置。押车的周保是欧阳伦的忠实奴才，又是个目无法纪的暴徒，一见小小的河桥吏竟敢拦驾触犯驸马，气急败坏，命令手下扯过河桥吏狠狠打了一顿。

这位河桥吏真是够坚强的，遭毒打以后仍不屈服，拼死不让车队通过。并直接向皇帝朱元璋上了一道书，控告驸马欧阳伦仗势违法走私、管家周保肆意殴打朝廷官员的罪行。朱元璋一看状书，得知自己的女婿带头违反禁令，立刻火冒三丈，命令欧阳伦自杀，下令处死周保，严厉谴责、处罚陕西与此案有关的地方官吏。与此同时，大力表彰忠于职守、严格执法、不畏权势、坚决抵制走私的兰州河桥吏。更为感人的是，朱元璋还特意备好礼物，派特使专程到兰州向那位河桥吏表示慰问和嘉奖。

李通和判斩伯父的赵俨交友

李通是曹操手下的一员勇将，在破张绣的战斗中立了大功，被封为建功侯，还被任命为汝南郡阳安都尉，执掌一郡的军事大权。这在当时当地，也算是一位位高权重的显要人物了。

可是，李通从不居功自傲，更不徇私枉法。有一次，他妻子的伯父，在汝南郡辖区的朗陵县犯了法，刚正不阿的朗陵县令赵俨，并没有因为罪犯是自己顶头上司的亲戚而宽容他，而是公事公办，坚决地把他抓了起来，并依法判为“大辟”，就是杀头。

李通的妻子得知自己的伯父行将斩首，大惊失色，整日又哭又嚎，要李通赶快出面营救。因为她知道，逮捕判刑的权力在县里，但生杀大权在郡里，只要郡里不批准就杀不掉。而自己的丈夫又是郡里掌管军事大权的都尉，只要他出面说句话，伯父的性命就能保住。因此，她声泪俱下，扯着李通苦苦哀求。

但是，不管妻子如何号哭纠缠，李通就是不答应。他严肃地对妻子说："你伯父犯了法，理应依法处死。我身为郡尉，理应秉公办事，为国尽忠，怎么能带头以私废公，徇私枉法呢？"

不久，李通妻子的伯父终于按赵俨的判决，依法斩首了。李通的妻子哭得死去活来，对赵俨恨得咬牙切齿，对李通更是怨恨不已。可是，李通则不然，他不但没有因此嫉恨赵俨，反而从内心佩服他。多次当众夸奖他忠于职守，执法不阿。并诚心诚意地找到赵俨，向他当面致意，从此，和赵俨结成了亲密的朋友。

朱元璋和李通与执法者亲、与枉法者仇的胸怀，是多么令人敬佩呀！

理诉无类　青天泽及残疾人

什么叫理诉无类？就是不论什么样的人鸣冤告状，法官都予以受理，而不因病残、精神状态不同于常人拒之衙外。在等级森严的封建时代，能做到这一点的法官实属凤毛麟角，但毕竟有人确确实实这么做了。请看：

包公为哑人作主

定远县有个哑人，每逢新县令上任，他都献上一根木棒，任县官责打。包公上任后，这个哑人又来献棒。包公心想，这哑人肯定有冤情，不然，怎肯屡屡吃棒？他顿生一计：用猪血涂在哑人的脸上和身上，又给他套上长长的枷锁，命衙役枷他到街上示众。暗地嘱咐几个心腹跟随其后，听有人替他鸣冤叫屈，马上传其上堂。

不一会儿，就听围观者中有一个老头为哑人鸣冤。上堂后他对包公说："这人是我村的石哑子，自小不能说话，只是耳朵还好使，他哥哥心地歹毒，把他从家赶出来，万贯家财不给他分文，实在是有冤难诉啊！请包大人为可怜的哑人做主啊！"

包公一听，气愤至极，马上传讯哑人的哥哥石全，但石全死活不承认哑人是他的亲兄弟。

包公又生一计，他告诉哑人："以后见到你哥哥，就使劲扭打他，本官为你做主。”

一日，被打得头破血流的石全来告哑人，说他不尊礼法，殴打亲兄。

包公问石全：“哑人果真是你的亲兄弟吗？如果真是，他的罪过着实不小，断不轻饶。如果是外人，小殴小斗本官不予处理。”

石全急不择言地说：“包大人，他果真是我的亲弟弟呀！”

包公见他到底说出真话，大喝一声：“既然是你亲弟弟，你为何要将他赶出？不分给他家财？”

石全哑口无言。

包公即刻差人押他们回家，将所有家产各分一半。

王罕为狂妇申冤

宋朝时，潭州大街上，一段时间内，时常见到一个披头散发、破衣滥衫的疯老婆子，拦轿喊冤，哭声恸地。每每都因她语无伦次，被官府衙役斥责驱逐，从没有人受理过她的申诉。久而久之，她骂得更凶了，哭得更惨了。

有一次，潭州大卿王罕坐轿察访，疯婆路遇，照常喊冤拦轿，叫骂不停。左右随行见她耍疯取闹，正要把她赶走，却被王罕急忙拦住：“休得胡来，快将她引到官厅，本官要细细问来。”

王罕招呼那疯婆跪在官厅台阶下面，慢慢地询问她的身世。疯婆颠三倒四，语杂言乱，王罕耐心地听她哭诉着。

从疯婆反反复复诉说的话语中，王罕略有所知。她本来是人家的正妻，因没生儿子，丈夫死后，妾与其子就把她赶出家门，家中所有财产都被他们霸占。她气愤至极，屡次向官府诉冤，都被当做疯子拒不受理，愤怒怨恨使她愈加发狂。

王罕对老妇的遭遇十分同情，立即命人将被告传到大堂，厉言审问，并明判家财复还老妇。

巧借用具,县令助哑人明理

宋朝时有一个哑巴村民,在集市上买回一只羊,回家途中,同村一个无赖欺他口不能言,见四下无人,强行从哑人手中夺羊,哑人死死牵住不肯松手。

村里人见他俩争执不休,就问发生了什么事。无赖声称自己买羊回来,路遇哑人非要把羊抢走。哑人有话说不出,气得咬牙切齿。有位年长的人对他们说:“你们各不相让,这样撕扯下去也不是办法,还是到官府里去吧,听说县令大人公正廉明,善断疑案,一定能判清楚。”

在公堂上,无赖恶人先告状,口口声声求青天大人为他做主。县令究其案情,无赖说得有根有蔓,而哑人只能指天画地,顿足捶胸,像是有极大的冤情。县令叫人取来纸笔,无奈哑人只字不识,无法以手代口,这可怎么办呢?

县令略一沉思,眼睛一亮,有了!他立刻唤来一名衙役,忙问道:“你的‘叫子’可曾带在身边?”

原来这衙役有一支竹制的“嗓叫子”,平日常用它与人笑骂取乐,县令略有耳闻。听县令今日要用“叫子”,衙役连忙取出。县令吩咐他把“叫子”给哑巴村民,并详细告诉他使用方法,叫他试着发音。果然,一问一答,事情的原委总算明白个大概。县令当场叫来羊的卖主,三堂对案,真相大白,哑人高兴地牵着羊回家了。

你从上述几位法官的举动中,是否体会到他们坚持法贵公平的良苦用心呢?

缘情办案　郡从事昭雪民冤

五代时期曾发生过这样一起案件：有个商人在外面做生意，一天回家时见妻子被杀，尸体四肢完好，只是不见头颅。商人面对这般惨景，痛不欲生，惊骇之中心乱如麻，急忙把这天降之祸告知妻子的父母。娘家人闻讯赶来，不问青红皂白，一口咬定人是他杀死的，不由分说就把女婿押送到官府。

到了县衙，狱吏威逼拷打，乱施酷刑，商人实在受不住折磨，以求速死，就被迫承认了自己的杀妻之罪。狱吏见口供已出，罪状成立，便草率结案。人们都认为商人是罪有应得。至于作案的动机、过程及现场，竟没有引起众人的怀疑。

此案在县里审定以后，照例要送交郡府复核。郡府长官将案子交给手下的从事处理。郡从事阅卷之后，心中顿生疑窦，他对郡府长官说："此人与其妻平日并无纠葛，更无怨仇，为什么突然到家马上就割掉妻子的头颅？再说，一般谋害家人，总要假称病死或暴亡以掩人耳目，或死后制造一个假现场混淆视听，哪能留着尸体，藏起头颅，告知娘家人呢？这实在太不合乎情理了。我怀疑这是一起冤案，请您务必准许缓判，让我推问查访清楚。"郡府长官觉得从事言之有理，便应允了他的请求。

从事首先安顿好囚犯。另找了一所房子当作临时监狱，慎重地挑选参加审讯的官员，细心地审问那个囚犯。并让他吃喝沐浴，看管得也格外宽松。外面则房门紧锁，院墙上荆棘密布，不让外界知道半点消息。

一切布置停当，便开始秘密地访察真正的凶手。他根据自己的经验和判断，决定先从女尸无头入手。他逐个询问城中负责验看、管理尸体的夫役，让他们把最近替人家埋葬死人的情况写出来，并当面一一盘问："你们近日帮人家办理丧事时，有没有发现什么可疑的事情？"其中有一个人说："前天我给一个大户人家抬棺材，听说死者是一个奶妈。但棺材抬起来轻得很，像是空的一样。"从事立即要他带路，把坟挖开，开棺一看，果然只是一个女子的头颅。从事把这颗人头和商人家中的尸身合到一起，让商人验认，商人说："这不是我的妻子。"于是当即把那大户主人抓来审讯，此人作恶心虚，很快就如实道出了事实真相。原来是大户主人杀死了家中的一个奶妈，只葬了她的头，用她的尸体将商人妻子换走，做了他的小妾，现养在自己的私房里。

郡从事缘情办案，明察细访，使案情大白。那个真正的杀人凶手被判处死刑，在闹市中当众斩首，那个负屈含冤的商人得以重见天日。

高风亮节　钱推官雪冤拒赏

宋朝雍熙年间，有个不为名、不为利、不求功、不重赏、只为公正从实办案，不愿一个好人受冤的清官，名叫钱若水。当时无人不知他办案求实求准的精神，无人不晓他为官刚正无私的亮节。特别是他在同州做知州推官时，为澄清一起冤案所表现出的胸怀，更是令人钦佩。

当时知州接手了这样一起案子：一个富家大户的小婢女逃亡出走，多日不知下落，婢女的父母前来告这个富户。知州命令掌管纠察的录事参军办理此案。录事参军过去曾向这家富户借过钱，但遭冷眼拒绝，为此，他早就憋了一肚子的气，这次正好是个报复的好机会。于是，他就诬称这家父子数人合谋杀害婢女，并把尸体投入河中，尸体随水漂流而去，无从查找。这样，父子数人，有的定为主谋，有的定为从犯，按照当时的法律，都应判处死刑。富民父子经受不住严刑拷问，都屈打成招，被迫承认自己犯了杀人罪。定案以后，上报到州里，州官们复审时，谁也没有什么疑义。

钱若水听完案情，好生琢磨，觉得其中有的地方不大对头，因此他把案子压下好几天，也不肯提出最后处理意见。录事参军急了，风风火火地来到钱若水的办公处所，大声责骂说："你是不是接受了富民的贿赂，想为他们开脱死罪？"钱若水含笑致意，诚恳地说："有好几个人由于这起案件要判处死刑，事关重大，草率了事怎么能行呢？"他把案件扣留了将近十天，中间知州大人多次催促，上上下下不少责怪，可钱若水真就像平静的水面一样，一点儿波澜也没有。

钱若水表面若无其事，实际暗中他在加紧工作。有一天，钱若水来见知州，他避开众人对知州说出了真情："我之所以扣留案卷这么多天，是因为我在密访婢女的下落，现在婢女已经找到了。"知州惊讶地问道："在哪里?"钱若水掀开内室的竹帘，一个衣衫褴褛、生得眉清目秀的小姑娘，卑怯怯地走了出来。随钱若水同来一直站在墙角边的那一男一女，一见这小姑娘，便抱头痛哭起来："我的孩儿啊，你到哪儿去了呀!"

婢女生还，冤案平反。知州随即便把诬定为杀人凶手的富民父子数人，从狱中提出，给他们脱掉囚衣，打开镣铐，宣布无罪释放。富民父子做梦也没想到还能有今天，呼恩道谢，跪哭在知州面前不肯离去。他们感激得泣不成声："知州大人，假如没有您的救助，我们就要灭族了，你真是我们的救命恩人啊!"知州告诉他们说："你们的救命恩人不是我，是推官钱若水。"当他们得知钱若水如何拖案不判，如何暗中寻访，使案子水落石出的真情后，跪在钱若水的门前，恳求面谢。钱若水却闭门不纳，派人传话说："婢女是知州找回来的，我没有参与其事。"富民百求不得一见，只得绕墙哭行，深表敬意。

由于钱若水的努力，使这起事关数人性命的冤案得以昭雪。知州想就此事报请皇帝为钱若水请功求赏。钱若水听说后，找到知州坚决谢绝："我只求案件如实解决，人不蒙冤而死，论功求赏不是我的本意。假如朝廷为此奖赏于我，那么将如何处置录事参军呢?"知州感叹地说："这样高尚的情操，更是人们所不可企及的。"录事参军来到钱若水的住所，惭愧地向他叩头谢罪。钱若水忙将他扶起，真诚地对他说："案情复杂，难以料知，偶有过误，在所难免。"

钱若水的事迹从此家喻户晓，远近皆知。

拒贿劾枉　李毓昌以身殉法

清朝嘉庆年间，江苏知县李毓昌突然在山阳县自缢(yì)身亡。消息传到李毓昌家乡，家人悲痛至极。因他没有儿子，父母又已早逝，只有叔父李太清到山阳县迎丧。

李太清老泪纵横，伤心地整理侄儿的书籍遗物。忽然，有半张残存的公文纸从书中飘落在地。李太清捡起来一看，只见上面工工整整地写着："山阳知县贪赃枉法，冒领赈粮，并以重金贿赂毓昌，但毓昌不敢接受，恐有负于国家……"李太清不动声色地将这半张稿纸揣在怀中。灵柩运回原籍后，没有马上入葬，李太清立即赶往京城，上诉都察院。都察院看了李毓昌的遗稿，知有冤屈，随即派山东按察史朱锡爵前去验尸，经过一番深入细致的勘验调查，终于使沉冤大白：

原来，嘉庆十四年，山阳县遭受大灾，总督铁保指派江苏知县李毓昌到那里去赈灾放粮。李毓昌到达山阳后，便深入乡村，察访灾情，了解民众疾苦。不久就发现山阳知县王仲汉，不仅假造民册冒领灾款，而且鱼肉百姓鲸吞赈粮。李毓昌气愤填膺，将王仲汉贪赃枉法之事一一登记入册。他明知王仲汉有淮安知府王毂(gǔ)做后台撑腰，但还是下决心要告这个发国难财的无耻之徒。

王仲汉得知李毓昌在摸自己的底，并准备上告，便以小人之心度君子之腹，以为李毓昌是嫉妒自己发财红了眼，马上给李毓昌送去重金，哪知李毓昌不吃这一套，当场痛斥他一顿，断然拒绝了王仲汉的贿赂。

王仲汉见李毓昌不为金钱所动，又气又恼，接着便谋划下一手。他唆使仆人包祥设法买通李毓昌的随从李祥，伺机窃取李毓昌整理的贪赃材料。不料李毓昌自上次拒绝王仲汉的贿赂后，料定他必然恼羞成怒，不肯罢休，一定会施展新的诡计。因此一面抓紧修书，一面百倍警惕，严加防范。使得包祥、李祥费尽心机，总也不能得手。

王仲汉狗急跳墙见窃取难成，便设下毒计，决心害死李毓昌。他让包祥把一包毒药交给李祥，让李祥设法把毒药放入茶中。这天夜里，李毓昌从外归来，口干舌燥，李祥装得恭恭敬敬的样子，把沏好的茶水送到李毓昌手中，李毓昌便一饮而尽。过了一会儿，就感到肚子疼痛难忍，李毓昌知道中了奸计，服了毒药，愤怒地大声唾骂这帮无耻的家伙。最后终于毒发身亡，为劾赃官以身殉职。

李毓昌死后，王仲汉继续在设计。他命包祥、李祥在梁上挂起索套，套在李毓昌的脖子上，伪造一个令人信服的自杀现场。一切布置完毕，便开始到处宣扬李毓昌到山阳县如何完不成赈灾任务，难以向上交差而自杀。淮安知府王毂前来验尸，草率了事，便认定是自杀身亡。当时，山阳县不少人对李毓昌之死感到惊异，验尸时有人报告，发现死者口角有血，怀疑是谋杀而不是自杀，王毂勃然大怒，命差役把报告人狠狠打了一顿，拘禁起来，便随即以自缢身亡上报。

王仲汉做梦也没有想到，李毓昌生前没有把他告成，死后竟然以半张残稿把他告倒了。王仲汉、包祥、李祥被依法治罪，王毂受到应得的惩处。而李毓昌则被追认知府官衔，世代为百姓所怀念。这正是：恶有恶报，善有善报，不是不报，时候不到，时候一到，一切全报。

人命关天　孔循刑前救无辜

五代后唐时有个法官叫孔循，他以办案仔细谨慎、不出差错而深得世人敬重。他任夷门代理军府事务时，曾从断头台上救下四个无辜百姓，一时被传为美谈。

当时，辖区内长垣县盗贼成风，百姓家屡屡遭劫。后来经多次跟踪侦破，原来都是县里为首的四个大窃贼干的。州衙下令，限期捉拿窃贼。

没想到，县衙还没动手，这四个家伙便早已闻到了风声。他们信奉有钱能使鬼推磨，深更半夜偷偷敲开了县衙几个主管刑狱官吏的家门，分别塞上了不少的银两，请他们设法开脱。这些贪赃枉法之徒，见钱眼开，当即答应帮忙。

眼看州里催办这个案子的期限到了，长垣县衙果真上报说“四大窃贼”已经擒住，案卷中所列罪恶，件件宗宗人证物证俱全，据此判处死刑。州府一见证据确凿，便批准处决，派孔循前往长垣县监斩。

孔循到了长垣县衙，看了案卷，虽然没有什么漏洞，但还是把四名罪犯从监狱提出，问了他们不少的话。可令他奇怪的是，这四个囚犯只是低着头，一声不语。

孔循见他们不吭声，便厉言厉色地说道：“你们所犯之罪，罪大恶极。本官问你们多时，却只字不说，那就算是供认不讳了。你们有话现在说还来得及，否则到午时三刻，你们就人头落地了，到那时后悔也晚了。”

四个囚犯急得直跺脚，可仍是低头不语。

时辰已到，孔循下令将罪犯推出斩首。

四个囚犯被推到门口，瘫倒在地，一个个回头望着孔循，好像有话要说的样子。孔循见此情形，便知其中必有因由，忙命人把他们召回讯问。

只见他们扑通跪下，连呼“救命”，泣不成声地说：“大人，我们实在是冤枉啊！刚才，他们把枷尾压住我们的喉咙，我们有话说不出啊！”

孔循一听，顿时明白了，他支开左右随从，叫他们将冤屈一一细讲出来。

原来，他们是四个穷苦百姓，那日在街上莫名其妙地被一帮衙役抓起来，劈头盖脑地一顿毒打，一个个被打得死去活来，硬逼他们签字画押，承认是盗贼。因实在吃不住酷刑，只得屈招。

孔循明白了，果然是四个“替罪羊”，幸亏谨慎从事，否则这时早已人头落地，“阴间”又多四个“屈死鬼”。

他决定把此案立即提到州衙审理。经过查实对证，那四个人说的果然是实情。长垣县衙几十人都接受了四大窃贼的贿赂，结果制造了这样一起冤案。没过多长时间，真正的窃贼抓到了，这帮贪官污吏也受到严惩。

孔循从断头台上救无辜百姓的事迹，很快传遍了整个州县。

引咎自省　两清官尚德省刑

古代有很多执法者懂得“教化”在司法中的作用。这里，讲两个清官尚德省刑、以德息讼的故事：

西汉宣帝时有个掌治京师的官吏叫韩延寿，非常注重以恩德信义安抚下属和百姓，深受吏民的拥戴。有一次，他到高陵这个地方巡察，见到那里有哥俩儿为争田地正打官司，韩延寿为此自责起来。他说：“我有幸当这儿的太守，却不能宣扬礼教，化育百姓，致使亲骨肉为争田地而打官司，这既伤了礼教风化，还使此地的官吏蒙受耻辱。过错都在我身上，我应该闭门思过。”当天便称病不再处理公务，回到下榻处反省。

太守引咎自省，一县的官员们都不知怎么办了。县令、县丞、啬(sè)夫、三老也都叫人捆绑起来等待治罪。

争讼田产的那兄弟俩更是深深悔恨，都自己把头剃光(表示受髡(kūn)刑)，脱下一只衣袖，露出臂膀，准备接受鞭刑，心悦诚服地向太守请罪，表示至死不再争田。韩延寿听说后，十分高兴，忙开门请见，摆酒肉跟他们一块儿相对叙谈，并把他们的真诚悔过告诉乡里，表扬他们能改过从善。然后，又慰问县令、县丞及以下的官吏，感谢他们协助自己办了一件教民尚德息讼的美事。

韩延寿引咎自省、教民省刑的佳话传遍所辖的 24 个县，长安东部一片升平景象，人们安居乐业，和睦相处，争讼之事几乎绝迹。

隋朝时，辛公义受命治理岷中。这里由于时常流行瘟疫，人们畏病如虎，无论父母妻儿，只要一人染病，全家回避。病人失去照料，很难活下来。这种做法，不但丧失人性，而且有违国法。只是由于风俗已成，法不责众，历任官吏均束手无策。

辛公义到任后，决意移风易俗。他派出许多人到各地，凡是因病被遗弃的人，全都接到衙署，在大堂中摆上床榻，妥善安置，并出钱为他们医治。他自己则在公堂中设案办公，日复一日，毫无惧色。过了一些日子，病人陆续痊愈了，辛公义也安然无恙。当地人们极为感动，一时出现了许多父母慈爱、儿女孝顺的美谈，沿袭已久的恶俗从此消失了。

后来，辛公义又被任命为并州刺史。到任的当天，他就直接来到狱中，露天而坐，亲自审案。没用10天的时间，大小积案便清理完毕，该判决的，据法决断；无理纠纷，则劝诫当事人双方，予以遣散。再有新案，随接随办。为尽快审理那些需要监禁的大案，辛公义住宿官衙，不决断完决不回家。有人对他这样认真不理解："公事公办，有明确的日程安排，您何必急于一时，自找苦吃呢？"辛公义回答说："刺史不能推行德政，使百姓争讼不休，当事者在押，让我如何安睡？"罪犯知道后，对刺史的仁德，十分敬佩。此后再有因纠纷而打算投诉的，父老们就会提醒双方："别再为这点小事劳烦大人了！"双方听到劝告，往往各自退让，争利怄气的念头自然打消。

辛公义把百姓争讼归咎于自己不能推行德政，多么好的父母官啊！他真挚的爱民之心，和关心百姓疾苦的举动，本身就是对百姓的一种教育。这种教民息讼的法治思想及实践，其借鉴意义当是不言自明的。

错不避责　李离自刎偿渎职

春秋时期，晋国有个管理刑狱的大官，名叫李离。他忠于职守，办案认真，严于律己，宽以待人，深受人们的敬重。

可是有一次，在审理一个疑难案件时，李离错听了下面人的意见，把一个本来罪不当死的人误判为死刑杀掉了。在当时那种草菅(jiān)人命的社会里，狱官错杀个把普通犯人是司空见惯的事，只要无人追究，根本就算不了什么。可是李离发觉杀错了人以后，心里非常难过，觉得这是严重失职。虽然并无任何人查问这件事，但他却认为不能隐瞒过失，宽容自己。于是自己主动戴上枷锁，上朝面见国君晋文公，承认过错，并恳切地请死偿命。

晋文公平素就很钦佩李离的为人，见他这样严格要求自己，深受感动，便对他说："官有贵贱，罚有轻重嘛！这是你手下狱吏的错，不是你的罪过，何必要自己请死偿命呢？"

李离摇摇头，严肃认真地说："我官为狱吏之长，没让位给手下；受国家很多俸禄，没让手下分享。如今，我判案不明，错杀了人，却把罪责推给他们，这是断不可以的。"他谢绝了晋文公的好意，还是坚决请求赐死。

晋文公为使他回心转意，来了个激将法，特意板着面孔问道："你是大狱官，错杀了人自己要揽罪。照你的说法，你这大狱官是在国君的领导下，我这当国君的也该领罪了？"

李离一听忙答道："我身为大狱官，依法断案是我的天职。施错什么刑，理应受什么罚。现在我枉杀了人，自然应当偿命。至于国君是没有什么责任的。你觉得我能明察秋毫，公平执法，才任命我为大狱官。我辜负你的信任，渎职枉法，错听错杀，责任当然在我，怎么能牵涉到国君呢？"

晋文公实在舍不得杀李离，于是硬行下令赦免李离的死罪。在场的大臣也为李离这种严于责己的精神所感动，一听晋文公下令赦免，纷纷上前劝说李离："不要太固执了，赶快叩头谢恩吧！"但是，无论别人怎么说，李离坚持认为自己失职当死，坚决不肯原谅自己，断然拒绝晋文公的赦令。他见晋文公坚持不肯定罪赐死，毅然拔出宝剑，当着晋文公和满朝大臣的面，自刎而死。

李离失职伏剑自刎的消息很快传开，朝野上下无不为之震动。那些一贯玩忽职守、随意草菅人命的狱官大大收敛。许多正直的人则以李离为镜，激励自己依法办案，严于律己。

启诸孝悌　林知县以情息讼

清朝时，潮阴县有个农民叫陈智有，这老汉有两个儿子，老大叫阿明，老二叫阿定。兄弟俩从小到大亲亲热热，结婚后虽然分了家，但仍是友爱无间。谁曾想到，陈老汉一死，哥俩却闹翻了脸。为什么？原来是为老汉遗留下来的七亩田。

亲友们听说后，纷纷上门劝说："那七亩田你们兄弟二人各分一半，不就得了吗？有什么好争的呢？"老大阿明拿出父亲的遗书，理直气壮地说："先父分明说是把七亩田留给我，怎么能对半分呢？"

众人见过遗书，上面果然是那么写的。

"既然老父立下了遗书，应该尊重老人家的意愿才是。"

不料老二阿定跳起来嚷道："他有父亲的遗书，我也有啊，你们看嘛！"

众人接过遗书，上面果真也有陈智有的亲笔："老大应该谦让，我死后，七亩田就归老二吧！"

亲友们面对两份遗书，不知如何调停是好，只得任他们哥俩儿争吵打闹，最后一直打到了官府。

这个县的知县姓林，名鹿洲，说话和气，办事利索。他详细询问了原委，看罢兄弟俩各自递上的父亲的遗书，觉得老人不在了，遗书真伪死无对证，此案如何能了？林知县略一踌躇，微笑着说："田产事小，你们兄弟反目成仇，伤了手足之情实不应该。我不能了断此案，但我有一个主意，你们两人各伸出一只脚来，合在一起钉上夹板，能忍耐住不叫疼的，七亩田地就全归他，怎么样？”

两兄弟听了都不吭声。

林知县严肃地望着他们，问道：“你们两个人是左脚不怕疼，还是右脚不怕疼？”兄弟俩还是不吭气。这下林知县急了，大声叫道：“来人啊！先夹老大阿明……”

没等林知县把话说完，阿明就急着说道：“启禀大人，我的左右脚都怕疼。”

林知县又转过身来问老二：“你的呢？”老二也涨红了脸说：“我的两只脚也都怕疼。”

林知县捋了捋长长的胡须，眯缝起双眼望着他们俩，话里有话地说：“原来你们都知道自己的左右脚全怕疼啊！”

兄弟俩还是没有听出弦外之音，反而心里暗暗责怪：“你这老头儿真好笑，难道你的两脚不知道疼？”

林知县见眼前的兄弟俩全都是木头疙瘩一个，只得把话挑明：“你们这哥俩儿脑袋灌了铅了？怎么这番话还没使你们开窍呢？好好想想，你俩不就是自己父亲的左右脚吗？你们为了几亩地打官司，哪个吃了亏，不是如同夹疼了你父亲吗？”

两兄弟被说得低下了头，但仍然没有善罢甘休的意思。林知县思索片刻，又想出了一个主意：他叫差役取来一条铁索，把阿明的左腿和阿定的右腿捆在一起，让他们坐在一起，吃在一起，睡在一起，连大小便也得在一起，一时一刻也不能分离。

知县把他兄弟俩关在一间房子里，命差役躲在一旁留心观察他们的动态，随时报告。

第一天，差役报告说：“他俩谁也不理谁。”林知县无奈地摇摇头：“再观察几天吧。”

第二天，差役报告说：“两个人虽然仍不讲话，但时不时地对面叹气。”知县点点头：“有门，兴许……嘿嘿，再继续观察。”

又过了一天，差役高兴地跑来报告：“两兄弟相互理睬了！”林知县笑逐颜开，习惯地捋了一下胡须，说：“火候到了，让我试一试。快把他们二人带上来。”

兄弟俩三足竟走似的进得堂来，脑袋像花草被霜打过一般，使劲往下耷拉着，不敢抬眼看知县。林知县见状心中暗笑，明知故问道：“你们可有子女？”

老大阿明随口答道：“我有两个儿子，大的十八，小的十四。”

老二阿定也跟着回答：“我也有两个儿子，大的十五，小的十三。”

林知县哀叹着说：“很不幸你们又都生了两个儿子，看来你们家门争夺田产之事将无止无休了。我真为你们的后事担忧啊！我看你们都只留一个儿子得了，送一个去当和尚，省得日后也发生争夺家财，痛伤手足的事情。”

阿明、阿定一听急得直叩头嚎哭，同声说：“今后再也不敢了。”

知县问：“不敢什么？”

阿明说：“我知罪，我愿把田产让给弟弟。”

阿定说：“我不要，愿把田产留给哥哥。”

林知县笑着说：“难得你们兄弟有这份心意，但不知你们的妻子是否同意？”

第二天，阿明弟兄的媳妇双双来到公堂，痛哭流涕，深觉悔悟，都要拒受这份田产，把它施舍给佛寺长老。

林知县叹了口气，摇摇头说：“真是不孝啊！你们的父亲辛辛苦苦积下这份产业，因兄弟相争，拱手让给和尚，老人九泉之下能瞑目吗？依我之见，把这块田产作为典祭你们父亲的资财，兄弟俩轮流收管祭祀，子子孙孙永无争端，一举而多得，你们看好不好？”

众人齐声称好。兄弟俩再三拜谢而去。从此，兄弟妯娌之间和睦相处，互谅互让，相亲相爱，再也没有发生过什么争端。

取证无类　徐太守私访哑女

不懂得哑语的人居然能通过察访哑人侦破疑案，这人也算是不简单了。清朝雍正年间，浙江金华太守徐昆，就曾以他的睿智和心计，靠一个哑女提供的证据，破获了一起人命案。

举人出身的金华太守徐昆，办案神速、公正，远近闻名。所属各县上报到知府的案子，该准的准，该复的复，该改的改，在他手下，从无冤案、错案，百姓们都很信服。

这日，他手持案卷，对汤溪县报来的一起溺死案，动了心思：未经任何调查，没有任何证据，就判定死者溺水身亡，过于草率。何况案卷中还有被告虐待前妻的状词，这后进门的母子之死会不会是……

想到此，徐昆便换上民服，到案发地点进行察访。他发现当地乡民对此案都噤若寒蝉，这越发引起了徐昆的怀疑，他径直来到被告魏七十家中。

这个乡绅魏七十，人称“魏老虎”，中年丧妻，据说是被他虐待致死。留下一个哑巴女儿，也是整天不得好气。不久，魏七十续娶邻乡寡妇李氏为妻，谁知李氏带着三岁的儿子刚过魏家门不到两个月，母子双双身亡。魏对外人说是不幸溺水而死，后来有人真是在魏家墙外的池塘里发现了母子尸体。乡邻虽然对李氏母子之死感到蹊跷，但谁也不愿招惹是非，自然不过问此事。后来李氏的弟弟得知后不让了，他怀疑是魏七十对姐姐下了毒手，便告到县衙，但因拿不出任何证据，县衙仍是以溺死了结。

再说徐昆来到魏七十家中，这天正赶上他外出有事，家里只有他前妻留下的哑巴女儿。徐昆见哑女精神忧郁，似有难言之隐。当他指着墙上哑女生母的遗像时，她竟忍不住大哭起来。徐昆想到哑女可能知道李氏母子的死情，便打着手势向她询问。尽管哑女手势表情相当真切，但徐昆不懂哑语，也无法断定她的准确意思。徐昆极其耐心地模仿着，凡是表达对了的，哑女则点头认可；不对的，哑女就摇头否认。他用了好半天的时间，费了不少精力，终于把案情摸清了。

徐昆回到金华，马上将该案的关联人都传到府里，没等魏七十开口，徐太守便厉言喝道："李氏母子并非溺水而死，却是被你打死的！"

魏七十如晴天闻霹雷，大惊失色。刚要辩解，被太守大声斥断。接着，徐昆详细描绘了案发时的情景：

那天，李氏正在蒸糕，孩子吵着要糕吃。拿糕时，不小心把盛糕的盘子打碎了。魏七十见了，立刻怒气冲天，揪过孩子就是一顿拳打脚踢，竟把孩子给活活打死。李氏一看儿子惨死，边哭边死死抓住魏七十的腿不放，魏七十心一狠，一不做二不休，当场将李氏用双手掐死。事后，把母子俩的尸体藏在空屋里严严实实地锁上。隔天李氏的弟弟前来探望，魏七十以母子两人落水淹死作为搪塞。等他走后，便假戏真做，把母子尸体丢入池塘，掩人耳目。

魏七十做梦也没想到，自己的所作所为竟让人知道得如此清楚，就像是当时亲眼所见一般。徐太守又亮出验尸结果，伤痕完全符合案情。魏七十见无可抵赖，只得当堂招供认罪。直到最后，他也不会想到这位徐太守是通过察访哑女获得的真情。

察言攻心　高柔为弱女辨冤

三国曹魏时，军纪十分严明，官兵稍有越轨，不仅本人要受严厉惩罚，而且亲属也要受到株连。

有一次，护军营一名叫窦礼的军士，离开军营几天没有回来，营中以为他逃亡了，就依据法令程序，报告上司，请求搜捕，同时缉拿他的妻子和子女，罚她们做官奴。

消息传到窦礼的妻子盈的耳中，她为之震惊，说什么也不相信丈夫会逃亡，因为她太清楚丈夫的人品了。他从小就是失去双亲的孤儿，后来义养了一位无亲缘关系的老太太，待她如同自己的亲生母亲。对妻子儿女百般疼爱，看护照料从未远离，像他这样的人，怎么会轻率地擅自逃亡呢？盈多次哭着到州府鸣冤，但因此案涉及军中之事，州府都拒不受理。为给丈夫申冤，为全家老小的安危，最后盈克服重重困难，直接上诉到国家最高司法官、当时的廷尉高柔那里。

高柔问她："你怎么断定你丈夫不是逃亡呢？"盈满怀伤感地向高柔述说了丈夫平日的为人，高柔听后觉得很有道理。他沉思一会儿，又问："你丈夫与别人有过什么仇恨吗？"盈说丈夫为人善良，从没和人结过仇怨。高柔思索了好一阵，突然问盈："你丈夫跟谁曾有过钱物上的交往？"盈想了想，答道："他曾借钱给同营军士焦子文，多次向他索要，他不肯归还。"

高柔心中一怔。这焦子文为人狡诈刁蛮，前天酒后伤人触犯军纪，正被收监看管，窦礼失踪会不会与他有关呢？他决定即刻提审焦子文。

高柔见到焦子文，先询问几句前日伤人之事，接着话锋一转问道："你曾借过人家的钱吗？"

焦子文措手不及，立刻面容失色，过了一会儿，才故作镇静地回答："我孤单贫困，不敢借人家的钱。"

高柔见他神态有异，单刀直入地问道："你曾借过同营军士窦礼的钱，为什么不敢承认呢？"

焦子文闻言，脸色大变，说话更加语无伦次。高柔步步紧逼，大声怒喝道："你既然已经杀了窦礼，趁早招供，方可减罪，否则休怪军法无情！"

焦子文顿时魂飞魄散，自知无法再抵赖，连忙叩头认罪，供出杀害窦礼的经过以及埋尸地点。高柔和吏卒押着焦子文前去挖掘，果然找到了窦礼的尸体。至此，案情真相大白。后来。皇帝下诏恢复窦礼的妻子和子女的平民身份，并将此案通告全国，让人们从这个案件中吸取教训。

循踪张网　罗际智擒盗马贼

晋朝时，吴县县城里出了件稀奇事儿。一天，县太爷罗际在城门口贴了一张告示，上面写道："本知县奉朝廷的旨意，出白银千两，买一匹个大脊宽、毛如火炭的四岁口的大马。望养此类马并愿意出售者，速牵马到此面议。"

"千两白银？好大的价钱哟！"这消息轰动了全城，一时间街谈巷议，沸沸扬扬。没马的摇头叹气，怨自己命运不佳，没有这发财的机会；有马的跃跃欲试，纷纷地把马牵来，接受挑选。

验马的是个穿着衙役服的小老头，他心事重重地检验前来出售的马。那老头真怪，头一天牵来的十几匹枣红马，一匹匹都是头高脊宽，看样子比告示中要买的马还强。可是，他随便地摸摸马的脑门儿，翻翻嘴唇儿，看看四蹄儿，便都摇头表示"不行"。第二天牵来二十几匹马，老头还是摇头。第三天牵来三十几匹马，老头依然摇头。第四天牵来的马就更多了，城门口围得人山人海，人群中说啥的都有。有人说，小老头眼睛毒，能识宝马良驹；有人说，小老头心眼黑，只认识钱不认识马，要是把卖马的钱与他平分，那马早就合格了。这话也许是说者无心，然而听者中却有人很有意。人群中突然钻出个满脸横肉的大汉，他上前一把揭下告示，然后附在小老头耳边悄声嘀咕了几句，那小老头连连摇头。这时，一位算卦先生打扮的中年男子，走过来对小老头说："老人家，凡事都先别把话说死，让他先把马牵来，看看再商量嘛！"小老头一看那人先是一怔，随即改口说:“好吧！你先把马牵来吧!”

过了一会儿,那个揭告示的汉子高高兴兴地把马牵来了。那马红毛、白蹄儿、个大脊宽,一见小老头“咴”地一声长叫,从大汉手中挣脱缰绳,撒着欢儿向小老头跑过来。小老头一见那马,神色倏地变了:嘴唇发抖,老泪盈眶,跌跌撞撞地迎上前来,双手搂着马脖子说了声:“就是你呀!”那汉子也紧走几步赶上前来,向观看的人们大声炫耀:“嘿！我的马选中啦!”

这时候,有两个青年人抬着一个很重的箱子走过来,说道:“请过目吧,这就是马钱,白银一千两。”那汉子掀开箱盖低头一看,里面竟是块石头,便知道是中计了,刚想抽身逃跑,一条锁链早就套在他的脖子上了。当围观的群众还没有从这突如其来的事件中清醒过来时,只见那小老头扑通跪倒在“算卦先生”面前连声说:“多谢县尊大人,多亏您老人家足智多谋,才捉住这可恶的盗马贼!”

“县尊大人,盗马贼……这到底是怎么回事儿呀?”当知县和一干衙役把案犯押回县衙后,围观的人们仍在议论纷纷,不肯离去。“验马”的小老头被众人缠得没法,这才从头讲起了事情的经过。

原来五天前的夜里,他听到村头一阵马嘶声,第二天早晨就发现自家的红马不见了,连忙到县衙去报案。知县问他被盗的马什么样,失盗那夜有什么动静,他据实做了回答。知县听完,安慰他别着急,让他第二天到城门口去领他的马,并如此这般地叮咛了一番,于是就出现了知县买马的故事。

人们听完又议论开了:

“啊！怪不得,这几天,我发现那个盗马贼总是贼眉鼠眼地到处打听动静,却又不敢把马牵来卖,原来是做贼心虚呀!”

“那为什么后来把马又牵来了呢?”

“你没听有人议论吗？说要想把马卖出去,非得拿钱贿赂那个验马的人不可。他一听觉得不妙，再不亮相，这笔生意就让别人抢去了，于是便跳出来揭告示了。”

“你知道那个散布流言的人是谁？就是刚才抓盗马贼的公差呀，看来这是一种激将法呀！”

“我也看出来了，这几天，那个‘算卦先生一直在场，并且总盯着那个盗马贼，原来早就怀疑上他了。”

经过这么一番议论，大家恍然大悟，原来这一切都是知县罗际一手策划安排好的。这几天总来看热闹的那个白胡子老头儿，边往回走，边翘着小胡子说：“罗际真是个聪明有为的好官啊！”

揣摩心理　张齐贤易产息讼

这日清晨，宋真宗早早来到金銮殿，众大臣见皇帝满面春风，十分纳闷：十天来，每天早朝，皇帝都是双眉紧锁，面有难色，情绪也十分烦躁。所以，大家心里都揣个小兔子，尽量少禀朝事，很怕不小心再惹皇帝生气，吃不了兜着走。今天可不一样了，陛下好像突然换了个人似的，一改前几天的满脸愁容，笑容可掬，这是怎么回事呢？

原来，十天前，真宗皇帝的两个亲戚为分财产争执不休。甲方指责乙方多占了房产；乙方反咬甲方多分了财物。双方口角不休，难劝难解，便各自向衙门告了对方。地方法官有多大胆子，敢断理皇亲国戚之案？没有办法，最后双方只得进宫见驾，要求皇帝给他们做主。清官难断家务事，皇帝也苦于没有办法，都是皇亲国戚，谁也不好得罪，真是左右为难。事情拖了十几天仍不能解决。没想到这件令人头痛的事，宰相张齐贤仅用了一天时间便处理得利利索索，双方不仅不再争执财产的多少，而且主动撤诉。皇帝怎能不感到欣慰？那么，张齐贤又是用什么高招，使汹涌波涛变得风平浪静了呢？这还得从他主动“请战”说起。

那日，宰相张齐贤禀报国事后，宋真宗谈起了皇族中有人为财产告状的事。张齐贤说：“这既不是地方法官能判决得了的，也不是皇帝出面好决断的，还是让我来处理吧！”真宗皇帝求之不得，当即就把这场纠纷推给了宰相。

当天，张齐贤坐在丞相府的公堂上，将告状的双方叫去，问道：“你们是不是都认为对方分到的财产比自己多?”

“是的。”甲乙双方异口同声地说。

“这不要紧,你们各自先把自己分到的财物都写出来。”

等到双方把分到的财产开出清单后,张齐贤要他们在供词笔录上签字画押。接着将双方的财产登记单交换,然后派两名官员勒令双方迅速搬家:甲方搬进乙方的住宅,乙方搬进甲方的住宅,而财产器物均原地不动。

“我不要搬!”甲乙双方几乎同时说。

“你们不是都认为对方比自己分到的财产多吗?怎么叫你们到财产多的住宅又都不去了呢?”张齐贤故作惊讶地问。

甲乙双方都哑口无言。其实,他们各自心里都以为自己的财物比对方多,因为心虚,便恶人先告状,以此封住对方的嘴。没想到张齐贤这一“搬家易产”的判决,把双方的嘴都封住了,此招真妙!

智辨是非　包公断案逞神功

包公，就是人们常说的包青天，宋朝有名的清官包拯。他智勇双全、断案如神的故事历代相传，为民间很多人所熟知。他曾经冒死给民女秦香莲申冤，力斩当朝驸马陈世美；他也曾智改奏章，智斩地痞恶霸鲁斋郎；赴陈州赈灾，他巧治刘衙内的贪子恶婿刘得中、杨金吾；查访途中路遇前宫娘娘李妃，审断二十年前宫中遗案“狸猫换太子”……包公大智大勇的办案故事，不胜枚举。以包公断案为题材的戏剧作品，在中国八百年来的舞台上，常演不衰。

这里，仅选他略施小计，明断疑案的几则事例，你便会领略包公的聪明睿智。

断　牛

包公到天长县任县令的第一天，就听说有两个农民在监里大骂，提出来一审，才知道两人原是好邻居，同在一起耕地，休息时两家的牛顶角，老张家的牛把老李家的牛给顶死了，老李家翻了脸，告到县衙门，要老张家赔牛。前任白县令审判时左右为难，就把两人收在监里。

包公知道了事情的原委，哈哈大笑着对他们说：“你们本是好朋友，就因顶死一头牛就伤了和气，实在不值得，今天本官劝你们言归于好。”

说罢，提笔写了四行字：

二牛抵角，
不死即活。
活牛同耕，
死牛同剥。

两个农民听完判决，都说这样公平合理，谢过包公，携手走出公堂。

谁知那两人才走，又来一人报案，包公一听，也是为牛的事儿。

老实的西村农民刘全，早晨起来要牵牛下地干活，来到牛圈吓了一跳，他心爱的大黄牛满口血淋淋地望着他，他手往嘴巴里一摸，不禁惊叫一声："谁把牛舌头给割掉了？"他心疼得哭了起来，恨不得立刻把那割牛舌头的坏蛋逮着，把他的舌头给割下来。可是，说得容易，到哪里去逮呀？

青天大老爷包公不是最会破案吗？告到他那里，割牛舌头的人一定能抓住。想到这，他立刻求村上张秀才给写了张状子，第二天一大早便风风火火地赶到县衙，大门一开便趋步来到大堂前跪下，把状纸呈在包公面前。

包公看了状纸，细细想了想，便问刘全："你与村上哪个有仇？"

刘全眼睛瞪得老大，一时间也想不出谁来，只是连声说："请大老爷做主。"

包公说："既然你讲不出谁与你有仇，那你就回家把那头牛杀了吧！反正它也活不长了。杀了牛把肉卖给村里人，我再给你加上五百贯钱，买一条牛耕田去吧！"刘全感激地挥泪离开。

刘全前脚走，包公随后便命人贴出一张禁杀耕牛的布告：

本县晓谕黎民百姓：为确保春耕春种，严禁私杀耕牛，擅自杀牛的，一律严惩不贷。有人捕到杀牛者，官府赏银三百两。

此布

再说刘全回到家里，照包大人的吩咐，把那没舌头的废牛宰了。村里的邻居们知道后，都来买新鲜牛肉吃。刘全的东隔壁，住着个姓李名安的人，他听说刘全早晨到县衙告状，便尾随其后悄悄地跟他进了县城。听说包公没究查割牛舌头的人，心中甚喜，但得知包公给了刘全五百贯钱，又老大的不快。等他回来刚进村口时，老远就见刘全家热热闹闹的卖牛肉，气更不打一处来。突然，他那小三角眼睁大，好像什么东西猛地触动了他那根最敏感的神经，布告！对，城里贴的禁杀耕牛的布告！李安的双腿顿时好像装上了风火轮，飞也似的跑到刘全家，抢步上前，一把抓住刘全的衣领，大声喝道："刘全，你好大胆！私宰耕牛是犯法的，你难道不知道吗？快跟我走，到县衙去见包大人！"

李安拖着刘全，一起向县衙走去。上得堂来见到包大人跪下就说："大人，我抓来了私宰耕牛的刘全，请老爷明断。"

包公一看，故意漫不经心地问道："什么，你是割牛舌头的人？来人！快把割牛舌头的人拿下！"

李安急了，结结巴巴地说："老，老爷，我是来告私宰耕牛的人。"

包公面孔一板，喝道："李安，你割了人家的牛舌头，又来告人家私宰耕牛，想拿赏钱，好大胆，拿下给我打！"

这里还没动手，李安早已吓得灵魂出窍，连连呼叫："大人息怒，小人愿招。"

大堂之上，李安供认了自己割牛舌的罪行。

审　石

包公在定远县任县令时，有一天，贴出一张布告，说要在大堂上审石板。大家都觉得好奇，争先恐后到堂上看热闹。那块青石板放在堂中央，铁面无私的包公大声喝道："大胆石板，竟敢图财害命，目无国法，给我狠打四十大板！"两旁的衙役扬起大板，"噼噼啪啪"的冲着石板打起来。围观的人都禁不住笑出声来。包公斥责道："本县断案，大堂理应肃静，你们竟敢喧哗公堂，该当何罪？"

众人见包公发怒，一齐跪下，口称"知罪"。包拯说："那好，你们说，愿打还是愿罚？愿打，每人四十大板；愿罚，每人交三尺大布，三日不交，严惩不贷！"

众人都说愿罚，但心里都在嘀咕：包大人这是唱得哪出戏？

原来，头一天他带着衙役微服私访，经过一道山冈时，发现草丛中横着一具男尸，背上压着块大青石板，肩上搭着个布袋子，内有木制"宋记布行"印戳一枚，看样子是个收卖粗大布的贩布商。包拯断定这是一起谋财害命的案子，那么杀人犯是谁呢？于是就有了审石板交大布这场戏。

包公这招果然很灵，不到三天，近街远集的粗大布一购而空。包公的手下一边收布，一边核对布头上的印记，发现很多人交来的粗大布上有"宋记布行"的印戳，和死者身上的那枚一点也不差。经查问，这布都是从附近的一家布庄买的。包公立即命令将布庄老板抓来。那老板一见死者身上的印戳，吓得面如土色，当下供认：死者姓宋，每天把收购的粗大布，盖上印戳后寄存在他那里，他贪图钱财，趁夜深人静将宋某害死，压在山冈的石板底下。

真相大白，包公审石板、收大布之谜才被揭开。

引蛇出洞　韩刺史以贼治贼

凶徒盗贼都不是好人，他们怎么狗咬狗互抓互擒起来呢？这就是办案人计谋的高超了。

北周时候，北雍州这个地方盗贼很多，大案不断。刺史韩褒上任后，三把火先烧贼灭盗。他深入民间，秘密查访，发现许多大案竟是当地一些豪强富户们干的。前几任刺史对此也都心里明镜似的，但谁也不敢动这些地头蛇，致使盗贼得寸进尺，越干胆越大。韩褒也感到很棘手，左思右想，终于想出了一个妙计。

一天，他吩咐手下置办酒菜，书写请柬，宴请当地所有豪门富户。一个个有头有脸的体面人物接到刺史的请柬，喜滋滋地更衣整冠，按时赴宴。

酒过三巡，韩褒站起身双手一抱说："各位，我韩某书生出身，新来乍到，承蒙各位多关照。听说此地盗贼甚多，可我对治盗擒贼一窍不通，还需各位多帮忙。"

一听新来的刺史开盘就言盗贼之事，并让他们协助，一些人脸上立时掠过一丝难以言状的表情，极不自然地点头附和："好说，好说。"韩褒不再说什么，还是继续让酒布菜，请大家痛饮。

约摸过了一个时辰，韩褒见酒也喝得差不多了，突然双手连拍几下，从外面走进几十个年轻力壮的小伙子。喝酒的人们定睛一看，不禁大吃一惊，这不都是平常横行乡里的凶顽狡诈之辈吗？他们来干什么？顿时感到心提到了嗓子眼，目光不约而同地落在刺史大人脸上，不知他葫芦里卖的什么药。

韩褒笑脸迎接这帮年轻人，请他们入座用餐。安顿就序之后，韩褒站起来郑重地宣布："今日宴请各位，本官有一事安排。从即日起，将按地区划分地段捉贼捕盗。每一段设一主帅，主帅就由这一地段的豪门富户担任。在座的年轻人担任捕头，凡规定界内的盗案必须及时侦破，若不能如期破案，本刺史以故意放纵盗贼论处。"

当即，就有一个官吏上堂宣读了分工及任命。

众人大惊，没想到此任刺史竟有这等高招！一阵交头接耳之后，只见一个圆滚滚的矮胖老头儿颤颤悠悠地走上前去，诚惶诚恐地对着刺史大人耳语了一番。

韩褒边听边心里暗笑，不出他所料，此招果然很灵。原来那胖老头儿是代表所有做过案的豪门富户招供的，并向刺史保证，以后决不再干。韩褒立刻取出纸笔，叫他们把作案同伙的名字写在上面，然后放他们各自回家。

第二天，街上出现了一张很大的布告，布告上写着："以往行盗的人，赶紧前来自首，自首者免罪。本月内不来自首的，严加惩处。"

没出十天，盗贼们全都向刺史自首，韩褒说到做到，凡自首者，一律免罪。从此，这个地方再也没人敢胡作非为了。人们高兴地传颂着这样的歌谣：雍州出了个韩褒，计使凶徒擒贼盗，百姓安生乐淘淘。

见微知著　李刺史拷打羊皮

大路上走来两个人，一个人背着一捆柴，另一个背着一袋盐。俗语说，远路无轻载，他们走着走着，都累了。不远处的大道边，有一棵大槐树，树身粗壮，枝繁叶茂，好似一顶硕大的遮阳伞。背盐的紧走几步，赶到大树下，放下盐袋，靠着树身歇脚；背柴的走到大树下，卸下柴捆，也靠着大树休息休息。

"老兄，往哪里去？"背盐的问。

"去镇上。"背柴的说，"你从哪来？"

"城里来。"背盐的回答。

两人不冷不热的闲聊了几句，就都依着树闭目养神。

大约过了半个时辰，背盐的睁开眼，见太阳偏西了，就站起来收拾东西准备继续赶路。盐袋背上身，见垫肩用的羊皮还在地上，而且有一半在背柴人的屁股底下。他边抻羊皮边说："伙计，动动身子，我要走了。"背柴的边揉眼边说："这羊皮是我的呀！"

"明明是我用来垫肩的，怎么成你的了？"

"我的羊皮，怎说是你的？"

"是我的！"

"是我的！"

两人都紧紧抓住羊皮的两只角，争得面红耳赤。僵持了好一会儿，互不相让，最后只得到官府请长官定夺。

当时李惠任雍州刺史。李惠听了他们各自的陈述，略加思索，吩咐把羊皮放在大堂中间，两人暂且出外，听候审讯。他一本正经地问羊皮：“你的主人究竟是谁？老实说来！”两旁公差暗暗发笑。李惠转身问州里主管司法的官吏：“如果拷打羊皮，是否可以知道它的主人是谁呢？”手下的人感到奇怪，无人回答。

李惠又对着羊皮审讯起来：“羊皮，你不肯招供吗？来人！给我用刑！”

李惠叫公差铺上一领席子，然后把羊皮平展在上面，接着大声喊道：

“责打它20棍棒！”

公差觉得很有趣，冲着羊皮噼噼啪啪地拷打起来。敲了整整20下以后，李惠对公差说：

“你们看看，它招了没有？”

李惠命他们提起羊皮来抖几抖，只听得席子上响起“索洛洛”的声音。那公差忙禀告道：“大人，席上有羊皮洒落下的盐屑。”

李惠微微一笑，说：“它不是说出真相了吗？”然后命人把背柴人和背盐人叫进来观看。那个背柴人一见席子上的盐屑，再也没有气力喊羊皮是他的了，立即跪伏在地，连声说：“小人知罪！小人知罪！”

一件看来难以决断的案子，李惠略施小计，一下子就判明了。

背盐人感谢李大人明断；周围人也佩服李大人办案有方。

以牙还牙　王羲之趣断“河”“湖”

东晋时期著名的大书法家王羲之，不仅字写得漂亮潇洒，案子也判得精妙利索，这里说的是他任太守时巧惩恶霸的一件事：

一天，王羲之正在衙中议事，有个叫阿兴的前来告状，说是几年前，他父亲在深山打猎，被一只斑额猛虎追赶，跌下山崖不幸丧命，阿兴为了安葬父亲曾向当地财主鲁宋求借一块荒地。那天正赶上鲁宋为老母庆祝八十大寿，兴头上爽快地答复了他的请求，但要阿兴必须立即送一壶好酒为其母祝寿。阿兴特意卖掉了一张狼皮，置买了一壶好酒给鲁宋送去，父亲才得以安葬在一小块无人耕种的荒地上。

从此，阿兴继承父业，打猎为生。一次，他在深山打死了一只斑额大虎，卖得了数百两纹银，阿兴高兴的办了一些酒菜，请乡亲们共享。众人们都夸奖阿兴是个好猎手，给他父亲报了仇。

正当大家畅饮笑谈之时，只听门“当”的一声被踢开，财主鲁宋带领一帮家丁前来索债。阿兴和众乡亲都惊呆了。阿兴上前慌忙申辩：“当初员外给我一块荒地葬父，小的已依要求孝敬了一壶好酒，此事已了结，以后也无钱财来往，不知因何还要索债？”

鲁宋双手叉腰，站在阿兴面前，气势汹汹地说：“老子今天正为那块地而来，你小子穷疯了是不是？凭我那风水宝地，岂是一壶酒能买下的？你听清了，当初我要的是‘一湖酒’而不是‘一壶酒’，没说的，快给老爷献上吧！不然，人怎么埋上的我叫你怎么给起出去！”

简直蛮不讲理，欺人太甚！阿兴气得差点儿晕过去。无奈鲁宋财大气粗，说他不过，在乡邻们劝说下，阿兴来府衙告状。

听了阿兴这一番诉说，王羲之非常气愤：好一个刁钻的恶霸！他沉思一会儿，告诉阿兴回家静候消息，他自有公论。

当天，王羲之就带着自写的一幅《乐歌论》来到鲁宋家中。鲁宋见太守微服来访，忙出外迎接。王羲之并不进客厅，只是站在院中观赏。他见鲁宋家院前小河连通村外大河，河内鹅鸭戏水，鱼虾浅游，装作很欢喜的样子说："我对阁下的家禽颇为喜爱，愿以这《乐歌论》字幅换你一活鹅。"

鲁宋一听，开始有些不相信。他知道王羲之的书法，一字值千金，一篇《乐歌论》真可谓价值连城，一只活鹅能值几个钱？太守今日为何这般慷慨？可他一看王羲之那真心实意的表情，也就不再多虑，忙说："求之不得，求之不得！"

王羲之当即就把字画留了下来，让鲁宋第二天拿活鹅到府衙来。

第二天，鲁宋老早就提着一活鹅来见太守，王羲之笑道："我看你这是富糊涂了吧！我那亲笔真迹岂止值一活鹅，你听清了，我要的可是一河鹅。"

鲁宋一听就懵了。这时，又见王羲之将阿兴传来，自知大祸临头。

王羲之高坐大堂，厉声说道："鹅不论河，酒岂论湖？"说着，把阿兴的状纸扔给鲁宋，鲁宋这才知道自己成了被告。

王羲之命人当堂把这个仗势欺人、横行乡里的恶霸狠狠打了40大板，鲁宋哪里还敢索要"一湖酒"，官司断罢，又令其将《乐歌论》交还。

王羲之以"河"对"湖"，巧惩恶霸，善者快，恶者痛，妙极！妙极！

铸金称金　袁滋为县令洗冤

黄金怎么能变成了土块？这事说起来恐怕谁也不会相信，但在唐朝李勉镇守凤翔府时，真就发生过这么一件稀奇的案子。

有个农夫掘地时挖出了一个大陶瓮（wēng），打开一看，里面装满了货真价实的马蹄金。地埋稀世之宝！惊动了全村的男女老少，人们争相观看，一传十，十传百，十里八村很快就都知道了这件事。这个农夫很本分，不敢独占这飞来之财，便送到县衙官府。县令也很尽职，生怕这宝贝在官府收藏不严丢失，命人抬到自己家中放在最保险的地方。第二天，县令出于好奇，想再细看看这宝物。打开瓮盖刚摆弄了两个，这县令就吓傻了，天哪！怎么下面全是土块？两只铜铃般的眼睛瞪得溜圆，嘴张得老大，气都不知怎么出了，连连喊道："这……这……"

这事实在是太蹊跷了。一夜之间发生如此变故，县令即使浑身是嘴，也说不清楚了，只好承认自己偷换了黄金，可是追问他马蹄金的去处，却怎么也说不出来。

一天，李勉设宴招待贵宾，席间谈论起这件奇怪的案子，大家七嘴八舌，议论纷纷。有的说，"没准是挖金惊动了鬼神，半夜里他们用土块把金子换走了。"有人在一旁插话："还用半夜里换，说不定在路上抬着的时候，就点金成土了。""没那事，抬进县衙时据说还是真金，就是县令捣的鬼。这个县令也是，拿出来不就得了？何必还掩掩藏藏？"

宾客们言来语去，说个不停。只有州府中的一位年轻判官坐在那里沉思不语，此人就是遇事善于分析、才智超群、办事稳妥、深受李勉赏识的袁滋。李勉见他半天没说一句话，知道他正在用心计，便问他对此案有什么想法。

袁滋认真地回答："我觉得黄金不一定是县令偷换的，如果他真要偷换，何必明晃晃地放到自家呢？"

"有道理。我看这个案子就交给你审理吧！只有你能辨明此事的真伪。"李勉当场做了这样的决定。

袁滋一口答应，接受了审案任务。但他一不急着坐堂提审案犯，二不忙着四处查访取证，而是着了迷似的考究起这盛黄金的大瓮来了。他伸手打开瓮盖，细细端详了一会儿，然后叫人轻轻地把里面的土块一块块拿出来，清清楚楚地记准总数250块。众人问他这是什么意思，他什么也没说，只是要他们把这些土块送到金铺，要金铺熔铸成和土块差不多大小的马蹄金。金子很快就如数铸成了，他又吩咐把这250块马蹄金再放进瓮中。然后找来一杆大秤，把黄金又一块一块的拿出来上秤称。刚称完一半，加起来已经300多斤。这时，袁滋已无意再称下去了。

他急迫地问众人："你们谁知道，当时这些金子是怎么弄到县衙的？"

一个县里的差役说："是两个人用竹扁担抬来的。"

袁滋一听，心里便犯上了核计：一半金子就有300多斤，全部金子就六七百斤，再加上大瓮本身的重量，两个人用竹担怎么能抬得起？就是抬起来，又怎么能从村里一直走到县里？这一点就可以肯定，金子不是在家中有人做了手脚，就是在半路上被人偷换，绝对不是县令所为。

结论得出来了，袁滋把铸金称金的情况和案子的审查经过，详尽地向太守作了报告。李勉看了袁滋的办案报告，连连点头称道："好个袁滋！前途无量！”

果然，袁滋在唐宪宗时做了宰相。

至于本案后来如何，究竟谁是这起黄金掉包案的罪魁，古书上没有记载，作者不敢枉写。

法官慧眼　机关算尽终徒劳

狐狸再狡猾也斗不过好猎手，罪犯再伪装也逃不脱聪明法官睿智的眼睛。看了下面的两个故事，你会更相信这句话。

李南公捏伤

宋朝的李南公出任长沙县的县令时，一天，有个姓张的和一个姓王的两个小伙子前来告状，姓张的膀大腰圆，神气十足，姓王的瘦弱憔悴，一脸病态。

李南公问："你们为何告状？"

姓张的指着姓王的说："他把我打得遍体是伤，请老爷明断。"姓王的气愤地辩驳："他胡说，明明是他打我，有我满身的伤为证。"说着，便把衣服解开，叫大家观看。姓张的呼呼啦啦地也脱衣亮身。李南公上前细看，只见两人的前胸后背以至胳膊大腿，全都是青紫的伤痕，那姓张的身上还有浸着血迹的条条棒伤。

李南公心中顿生疑惑，这两个人打架，吃亏的肯定是那瘦弱矮小的姓王的，但为什么高大强壮的姓张的却受如此重伤？他顺口问姓王的："你练过武功吗？"姓王的含泪答道："倘若小人武功在身，怎会受他如此欺凌？"

李南公灵机一动，突然想起了什么，赶忙伸手捏了捏他们的伤处，之后，便厉言正色地对姓张的小子说："你的伤是假伤，他的伤才是真伤。"

周围的人都不知李南公因何而断，这事只有姓张的心里明白，顿时蔫了下来。

原来，张、王两家一向不和，为泄愤，姓张的预先采集了一些榉树叶，涂擦胸口及手臂，皮肤上便出现如同殴打的青紫痕迹。然后，他又把剥下的树皮平放在皮肤上，用热东西反复熨烫，便呈现棒打的伤痕。冷眼难以看出真假。这一切都做完了，才把姓王的骗到僻静的地方，一顿毒打，把他打得遍体鳞伤。

李南公下令重打姓张的100大板，罚银20两给姓王的治伤。然后对身边的衙吏说："殴打的伤痕会因血液凝聚而变得坚硬，而伪造的伤痕却是柔软平坦，一摸便知。他用榉树叶涂擦皮肤，如何骗得了本官?"

海瑞验尸

明朝嘉靖年间，海瑞在淳安县任知县的时候，有一天刚上堂，就有两个人抬着一具死尸跪在衙门口大声喊冤。海瑞命差役询问详情，原来是村民胡胜荣、胡胜佑哥俩，抬着大哥胡胜祖的尸体，要求县官惩治杀害哥哥的凶手邵时重。

海瑞上前仔细查看尸体，只见全身都有血迹和伤痕。再次验尸，发现死者身上的血迹不像是真的，不仅颜色不对，而且用水洗也洗不掉。海瑞沉思了片刻，派人立即到山寨找来一种胶脂，放在死者身上用火烤一会儿，然后再洗刷，洗刷了几次，照样还是像鲜红的血迹一样，怎么也不掉。于是，海瑞严厉审问胡家兄弟，哥俩见事情败露，不得不承认是诬告邵时重。

原来，胡胜祖过去同邵时重为争土地有过宿怨，胡氏兄弟怀恨在心，正好在这时候胡胜祖发病突然死去，胡氏兄弟以为报仇时机已到，便在大哥身上作了假伤痕，又涂上胶脂，冒充血迹。没想到机关算尽还是没能逃过海瑞的眼睛。

造势慑贼　张县尉纵驴得鞍

骆驼能在沙漠中嗅出水源，燕子可以在千里之外回归旧巢。聪明的法官，很会利用动物这种特殊的本能，寻迹破案。

唐朝时，张鷟(zhì)任河阳县的县尉，掌管一县的军事、治安等事务。河阳县城是个交通要道，人口众多，集市兴旺。一天中午，有个客商路过这儿，在一家小店里歇脚。当他起身准备上路时，拴在店门外木桩上的驴子却不见了。客商顿时目瞪口呆，不知所措。还是店主人喊了一声："快四下找找吧!"他才猛然惊醒，忙到处去查寻。可是从中午一直找到傍晚，毫无线索。第二天、第三天仍焦急地继续寻找，还是不见驴子的踪影，客商急得团团转。刚从很远处买到这么个可心的驴子，又花不少钱配的新鞍子，还没到家就不翼而飞，他能不心疼吗？见他愁眉苦脸的样子，店主人又给他出主意，说县衙里有个官儿，料事如神，什么案子都能破，求官府帮帮忙，兴许还能找到。客商抱着一线希望，真的投诉到官府。

县尉张鷟命差役们四处张榜，请知情人告发，又派出人四下查访，声扬不查到驴子，决不罢休。由于追查的风声很紧，私藏驴子的人怕被治罪，便趁夜深人静之时，把驴子悄悄地放了出来。

客商一见到自己的驴子，十分高兴，但一看新买的鞍子没有了，又觉得美中不足。

驴鞍这东西不大，藏着很方便，再说驴鞍大同小异，一时怎么能查找得着呢？

“既然驴子找到了，驴鞍也就有线索了。”张鹜不慌不忙地说。他嘱咐先不要给驴子喂料。驴子一天多没吃饲料，饿得嗷嗷直叫。到了晚上，张鹜命令将饿懵了的驴子放出去，让他任意走动，几个差役远远地跟随在驴子后面。

只见饿驴又向前几天饲养他的那家（即偷驴的那家）走去。差役们尾随搜查，果真在那户人家的草堆下找到了驴鞍。

拨云散雾　李太守识奸辨冤

北魏时期，有一个很受人敬佩的执法官，名叫李崇。他14岁时就开始做官，在任50余年，做了不少好事。他为政清明，平乱定边，安抚百姓，深受民众爱戴。他执法断案，不仅公正无私，而且足智多谋。李崇在扬州任刺史时，巧设诈局明断的“解氏兄弟逃亡案”，当时曾广为流传。

定州那个地方有这么哥俩，哥哥叫解庆宾，弟弟叫解思安，因斗殴伤人同被判处流刑，流放到扬州服劳役。弟弟解思安因实在不愿忍受劳役之苦，一天，趁看守不在，便偷偷逃跑了。哥哥解庆宾惧怕受牵累，便日夜苦思冥想，恨不得一时把弟弟的名字从名册上除掉，以绝后患。

说来也巧，城外正好发现一具男尸，面部摔得模糊不清，难以辨认出是谁。解庆宾想方设法将其冒认，诈称是自己弟弟被人杀害致死，便急急忙忙将尸体就地埋葬了。事过之后，人们对此早已深信不疑，谁知这个解庆宾却不就此作罢，反而又寻衅滋事。暗地买通一个姓杨的女巫，捏造一番鬼话，枉说思安被害时如何如何痛苦，如何如何饥渴。接着，解庆宾就诬赖他弟弟认识的苏显甫、李盖是杀害思安的凶手，随即告到州府。苏、李二人因经受不住严刑逼问，就承认了是他们杀死了解思安。

人证物证俱在，案犯供认不讳，就要结案了，李崇心里产生了疑问：苏、李二人平素和解思安并无任何仇怨，毫无作案动机，怎么能杀他？解庆宾发现死尸并没经官府确认，私自掩埋，枉说是自己的弟弟，谁人作证？李、苏二人杀害解思安，巫婆何以得知？李崇左思右想，觉得不对头，便把案子压了下来，暂不判决。

李崇不动声色，决定暗访解庆宾，给他个措手不及。他悄悄地找了两个州内没人认识的陌生人，假称刚从外地来扬州，找到解庆宾，告诉他说："我们住在本州，离这300里地。不久前，有一人路过借宿，夜晚从他谈话之中，对他的来历产生怀疑，经过盘问，知道了他的身世。他说自己是被判处流刑逃避劳役的人，姓解名思安，当时我们要扭送他到官府，他苦苦哀求，并说有哥哥名叫解庆宾，家住扬州相国城中，嫂嫂姓徐，恳求我们将他的遭遇转告家兄，并说你会不惜家产重谢我们。现在我们把话已讲明，你若领情，给我们点好处，就放过你弟弟，你若不给，我们这就回去把他送到官府。"解庆宾听此消息，犹如灭顶之灾降临，顿时吓得心寒齿冷，请求二人稍等几日，立即准备礼物相谢。

二人随即返回报告李崇，李崇命人抓来解庆宾问道："你弟弟逃役，为什么要妄认别人尸体？还诬陷他人？"

解庆宾见阴谋败露，只得认罪招供。苏、李二人的冤情终于昭雪。没几日，解思安也被拘捕归案，解庆宾受到应得的惩罚，连那个助纣为虐的巫婆，也吃了一百鞭子。

佯丢状纸 贤御史揭穿诬告

唐朝时岐州刺史李靖政绩显赫，对朝廷忠心耿耿，深得高祖李渊的赏识，一直认为他是朝中最得力的忠臣。可是有一天，唐高祖阅审批文时，却突然发现一封密告信，说李靖欲图谋反，并清清楚楚地列举出数条罪行。唐高祖好生奇怪，但他怎么也不相信李靖会突然谋反。他左思右想，疑惑不解，当即选定一名精明的御史前往审理此案。

接办此案的御史惊诧不已，因为他平时掌管各高官要员的动态，从没发现李靖有谋反的迹象，怎么会有这等怪事呢？此案十有八九是诬告。他心里一合计，向唐高祖请求：希望与告发李靖的那位官吏同往，以便取证。唐高祖当即指定某官吏同御史一起查访侦破此案。

御史带领一干人等日夜兼程直奔岐州，到了目的地，御史命令众人悄悄进城，住在不引人注意的驿站。第二天一大早，人们都在酣睡，御史忽然惊恐万分地边喊边从房中跑出："大事不好，状子不见了！"手下人听到喊声都惊吓而起，一个个目瞪口呆。他们心里明白，丢失给皇上所交的状子，后果不堪设想，弄不好会有掉头的危险。

御史怒不可遏地命人把担夫和一名掌管文件的典吏捆绑起来拷问，那两人吓得心惊肉跳，拼命喊冤。

御史审问了好一会儿，毫无结果，怏怏不乐地步入房中，郑重其事地对着那个密告李靖的官吏说道："本官不慎将你的状子丢失，此案难以办理不说，叫我如何向皇上复命？只得劳驾你重写一份了。"

那官吏一听，即刻面露难色，但怯于御史的威严，只得从命重写。他手拿纸笔发呆，费了好半天劲才磨了出来。御史接过一看，脸色骤变，厉喝一声："大胆狗官，你竟敢无中生有，诬陷李大人。来人！给我拿下！"

那官吏双唇打颤，浑身发抖，但嘴仍很硬："请大人言明，小人何罪之有？"

御史轻蔑地哈哈大笑道："聪明的狗官，别再演戏了，凭你那小小的伎俩能瞒过我的眼睛？你前后所写的两张状纸，相差甚大，漏洞百出，分明是胡编乱造，你还有什么可说？"

那官吏哑口无言。经审讯，果是诬告。

原来，状子根本没丢，御史声扬状子失落，就是为试真伪，诱那官吏重写，结果两份内容出入甚大，诬告不审自明。御史当即回朝，禀报高祖，将诬告者斩首示众。

合理推断　敏太守明断遗产

西汉的时候，民间广泛流传着何武断剑的故事。这个故事说的是沛郡有位家产万贯的富翁，妻子病逝，留下一个很厉害的女儿和一个年仅3岁的小儿子。

老汉一年比一年岁数大了，身体也越来越不硬实。有一年得了重病，眼看就不行了。想到自己将要撒手西归，辛劳一生积攒的万贯家财将不由自己经管，年幼的儿子还无力支撑，心里特别难过。最叫他放心不下的是，自己死后，那刁钻的女儿和贪婪的女婿一定争霸家产，幼小的儿子不被害死也得饿死。他煞费苦心，终于想出个万全之计。临终前，他把族人召集在一起，委托他们做证人，立下遗书：全部家产都交给女儿，只有一把宝剑，待儿子15岁时再给他。

女儿得了全部财产，如愿以偿，自然也就不把弟弟放在心上，此后，姐弟俩相安无事。弟弟长到15岁时，拿出父亲的遗书，向姐姐要那把宝剑。贪心的姐姐居然不给，弟弟气极了，就到郡府告状，请求官府帮他索回宝剑。

当时的郡太守何武，听了他的陈述，细看了诉状，接着又传讯了富翁的女儿、女婿，立即意识到这个案子非同寻常，远不是认定宝剑归属就可了结的。何武边思索边饶有兴致地和左右的吏员们一起分析推理："富翁的女儿生性霸道，女婿又贪婪粗俗，富翁担心他们为争财产加害幼子，又考虑到幼子即使得到遗产，也不能全部保存下来，所以暂且把财产交给女儿，让她得点好处，其实只是暂时寄放在那里罢了。给儿子留这把剑，表示这事迟早还要决断，等到 15 岁，是想到儿子到时已长大成人，足以自立门户。富翁当时就估计到女儿、女婿必定不肯轻易把剑还给小儿，一个非要不可，一个说啥不给，这样，事情就会弄到州县官那里，兴许遇上明智的官吏，会悟出他的用意，问题就能得到妥善的解决。好一个聪明的老翁！寻常人岂能有这番深思远虑！”

左右的吏员都非常钦佩何武的聪明睿智，认为他的这番推测合乎情理。于是，何武果断地判决，从刁女贪婿手里夺回富翁的遗产，全部交给他的儿子。这两个人还想狡辩，何武大声斥责他们：“让你们这样的坏女恶婿舒舒服服地享受了 10 余年，已经够便宜你们的了！”当事者无言，旁观者心悦，人们无不叹服何武断案的精明。

缘情推理　两清官智识女犯

察言观色，推理分析，历来是断案的要诀。俗话说，喜怒哀乐，皆形于色。一个人的心理活动，无论怎样掩饰，也常常会通过面部表情显现出来，而且这种显现，往往不由自主，自然流露。捕捉住这瞬息万变的“晴雨表”，往往可以洞察出一个人深藏心底的秘密。古人对此早有深刻的认识。且不说武则天时的狄仁杰，也不说宋仁宗年间的包拯，我国古代的执法者精于此道的确实还大有人在。

子产循哭断案

子产是春秋时期的名相，有一天，他带着随从在街上漫步，突然从一户人家传出一阵阵恐惧的哭声。待他们走近房门时，哭声越来越叫人觉得胆战心惊，好像一边哆嗦一边抽泣。子产便对随从说：“这妇人一定有亲人快要死了，你们进去看看。”

随从奉命进屋察看，只见一男子直挺挺地躺在床板上，经问得知痛哭的女人是死者的妻子。子产听了随从的报告感到意外，问道：“果真是那女人的丈夫已经死了？”随从回答：“已经死了有一个时辰的光景了。”子产听后立即面露疑色：“这就不近情理了，快去叫仵作（检验尸体的人）到那户人家验尸。”验尸结果是他杀，那么杀人凶手是谁呢？原来就是他的妻子，有行凶的刀子和染血的衣服作证。那女子不得不在事实面前服罪。但她万没想到是她那恐惧的哭声泄漏的“天机”。

在回府的路上，子产对随从解释说：“按照常情，亲人有病则忧，临死则惧，既死则哀。我听那妇人惊惧的哭声，以为她的亲人即将死亡，谁知她丈夫已死了一个时辰，那她为何还要发出恐惧的哭声呢？”

随从若有所悟地聆听着子产的分析。

子产继续说道：“她听到我们的脚步声，哭声接近哆嗦，这又说明什么呢？”

随从这才恍然大悟：“我明白了，她既能杀死丈夫，说明夫妻间早已恩断义绝，根本不会悲哀。但她怕外人议论，为掩盖杀人真相，又不得不哭。听到我们的脚步声，以为事情败露，官府来抓她，所以吓得哭都快哭不出来了。”子产点头称是。

知县丢婴断母

清朝末年，襄阳县发生了一起换子案。有一家姑嫂两人都是寡妇，同时生下遗腹婴儿，为一男一女。产后不久，小姑便控告嫂嫂将她的女儿换了自己的儿子。

襄阳知县接案后，将姑嫂二人及一干人等传来审讯，各自都说自己生的是儿子。吵吵嚷嚷的，无法判断。

知县一拍惊堂木：“休得吵闹，本官最善看相，且把那男孩抱来，让我一看。”

不一会儿，将那男孩抱至大堂，知县左看右看，堂前的姑嫂怀着焦急不安的心情等待着知县判决。只听知县传下话来：“两家本系亲属，光凭相貌难以判断此孩是谁所生。”

姑嫂双方一听此言，又都争吵起来。知县断道：“这孩子实在不招人喜欢，害得亲戚不和，邻里争吵，本官不安，留他何用？”

说着，一手将男婴向窗外扔去。窗外园子里有个荷花池，那男婴被丢人荷花池中，泛起了几个泡泡，很快就沉没了。

众人被知县这突然的举动惊呆了，那嫂子连声叫喊：“还我的儿子！”

正在大家都出外观看之时，只听扑通一声，有人跳入了荷花池中，不顾一切地拼命去捞那孩子，边捞边哭着喊着：“我的儿，妈妈来救你了，你可不能死啊！”

差役们一齐动手，将那妇人推拉上岸，此人正是原告人小姑。不一会儿，那个被扔掉的襁褓也打捞上来了，原来是一个穿衣戴帽的小枕头。那真正的男婴正在知县夫人的床上甜甜蜜蜜地睡觉呢！

知县说道：“母子连心，血肉相通，姑嫂两人对婴儿的态度，泾渭分明，此子属谁，实已明断。”

那嫂子当时就傻了，承认了自己欺人换子的罪行。

细中有细　张楚金审信平冤

唐朝武则天时有一个人叫江琛。此人奸诈小气，好弄权术。他在给湖州刺史裴光作助手期间，曾经袒护自己的小舅子欺人枉法，引起百姓的义愤。裴光得知后，曾不客气地提出警告，强调下属要依法办事。

江琛这个小人听了以后，表面上虚心接受，内心却记上了仇。"你吐我一口痰，我要泼你一身脏水"，私下用上劲，寻找机会图谋报复。但裴光为人正直，待人宽厚，要求自己极为严格，使江琛苦于抓不到把柄。俗话说，狗急跳墙，他索性干起栽赃陷害的罪恶勾当来了。

江琛虽然心术不正，却也有些雕虫小技，特别是他能吟诗作画，是个裱字裱画的能手。破损字画，一经他手，便会焕然一新，很难看出修补的痕迹。他就是靠了这一手，得到朝廷大官们的赏识才获取了官职。因此他就自认为了不起，不甘居裴光之下，非要扳倒他不可。

有一天，他在整理文件时，见到许多带有裴光亲笔签名的废旧批条，立即起了他的报复陷害之心。他把这些旧批条揣在怀里，装病请假回家，关起门干起他不可告人的勾当来了。他假冒裴光的名义，给在扬州叛乱的首领徐敬业写了一封信，声称愿意同他来往。信上的字体模仿裴光的笔迹，信后的签名则把裴光签在别处的撕下来裱贴上去。功夫之精巧，手艺之地道，简直达到了乱真的程度。江琛差心腹家人，连夜进京将伪造的假信和他的举报信一并送往朝廷。

武则天看到江琛的密告信，很是气愤，但也觉得有些蹊跷。裴光一向为人忠厚正直，怎么会无缘无故地暗通逆贼？便派钦差大臣细细审查，不可对裴光胡来。

钦差经过多次审问，仍无结果。江琛一口咬定叛书是裴光的亲笔信，检验裴光签名确又无假。而裴光则说根本与徐敬业没有任何接触，捉他还捉不着呢，还会投靠他！在钦差大臣久查难明的情况下，武则天又传旨，令迅速破案，可找一位精明干练的能人协助侦破。

谁是办案的能人呢？当地的官员都推荐张楚金，说这个人公正、心细、办事认真。据说张楚金从小就有一股与众不同的认真傻劲。有一次他同几个表兄弟在一起吃饭，有个长辈开玩笑，要他们哥儿几个比赛看谁能把一碗饭的饭粒数清楚。孩子们谁都以为是逗乐子，唯有张楚金认真地说："我能够。"说完便一粒一粒数起来，硬是把一碗饭数完。就是凭着这股认真劲和后来学到的知识，他帮助官府办了不少疑难案件。这次找到他，一听是澄清裴光反叛之事，他一口应承下来，立即投入侦破工作。

他捧着认为是裴光写的那封信，左看右察，已经几天几夜没睡好觉了。办案的责任心促使他强睁眼皮，一遍一遍地看。先是两手捧着看，后来左右手轮换拿着看，身体累了就变换一下姿势再看。这天傍晚，西斜的阳光从窗外照射进来，正巧映在那封信上。信的签名处透过阳光看上去明显比别处厚。对呀！签名可能是后贴上的。他瞪圆了眼睛对着阳光仔细观察，反复对照，发现裴光两个字真是经过加工裱上去的。他顿时觉得开云见日，长长地出了一口气，立刻带着信去见钦差大臣。

第二天便升堂开审，江琛还以为要给裴光定罪处刑呢，就大摇大摆地走进来，没想到刚进大堂门，就被钦差喝令监禁起来。江琛即刻脑袋嗡的一下，马上又假装镇静，质问钦差为何要禁他。钦差大臣们这时哪里有空理他？大家正忙着抬一大盆清水呢！四下的人全都惊呆了，升堂提审摆一大盆清水放中间干啥？正在人们议论纷纷猜测不定之时，只听主审官一拍惊堂木，大喊一声："审信开始！"张楚金随即把假信浸入水中。大家都敛声屏气，睁大眼睛看水审"犯人"的情景，不一会儿，"犯人"招供了：信纸上裴光两个字利利索索地脱落下来，周围的人都痛快地松了一口气，那个裱字专家江琛却吓得魂不附体，一个劲地哆嗦。

接着，钦差大臣宣布审判结果：裴光被人诬陷，予以恢复名誉；江琛犯有欺君之罪和诬告罪，当场被剥去官服，重打一百大板后立即处以死刑。

巧用常识　苍蝇猫儿助法官

一堆形状相同的木柴，往往因干湿不同，燃烧起来有先后之分；在平坦的地面上倒水，水往往要流向比较潮湿的地方；醢（hǎi）是一种多汁的肉酱，它腐烂的时候，会引来蚊蚋（ruì）一类的昆虫。古代一些精明的法官运用这类生活中的常识，断过不少疑难的案件。

蝇“证人”

明朝时，有个地方发生了一起杀人案。被杀者是一个村民，他白天到城里做买卖，晚上回家时路过一片树林，被躲在树后的一个贼人给杀了。案子送到县府，县令起先认为是为抢劫钱财而行凶。但检验尸体时，却发现死者随身衣物俱在，身上有镰刀砍的十几处刀伤，自然而然地怀疑这是一起仇杀案。那么，凶手是谁呢？县令传来死者的妻子，问她：“你丈夫平日和谁有仇？”

死者妻子回答说：“我丈夫从来与人无仇，只是前几日外村有个人来借钱，没借给他，临走时说了句以后要算账的话。”县令问清了借钱人的住处，派人通知那个村上的居民，把自家的镰刀全都交给官府检验，若有藏着不交的，认定为杀人凶手。一听这话，谁家还敢藏刀不交？不到半天工夫，百八十把镰刀排列在村口老榆树下。

当时正值酷暑盛夏，天热得火辣辣的，到处都有苍蝇。突然，人们惊奇地发现，成群结队的苍蝇都争抢着往其中的一把镰刀上叮，把镰刀拿了换个地方，苍蝇群仍是紧追不舍。衙役指着这把镰刀问："这刀是谁的？"村民中一个长满胡须的黑大汉神色不安地站出来说："是我的。"县令当即大喝一声："给我拿下！"马上将此人提到县衙审问。

原来，这把镰刀正是那个外村借钱人的。开始，县令质问他为何行凶杀人，他死活不肯认罪。县令指着镰刀说道："'物从其类'你晓得吧？你杀过人的镰刀血腥味犹在，所以苍蝇都聚在上面，为什么别人家的镰刀没有苍蝇叮呢？"

凶手只得低头认罪。

猫"侦探"

明朝嘉靖年间，有位名叫宋清的人在河北任知县。一天，他正在县衙办公，外面来了个身穿破衣烂衫、脸色惨白的小伙子，慌慌张张地前来报案，说是他刚才摆渡过河，艄公抢走了他 50 两银子。

宋清问道："你叫什么名字？干什么的？""小人王讳，贩卖蜜饯为生。"

"你的银子放在什么地方？"

"就放在包袱里。"说着，他打开包袱，里面果然有几盒蜜饯。

宋清当即命令衙役随王讳前往渡口捕拿艄公。不一会儿，一个渔民装束的大汉，被擒到了知县面前，并带来了起获的"赃银包"。

宋知县打开包一看，不多不少正好 50 两银子。宋清一拍桌案，大声问道："这银两是哪来的？"

大汉扑通跪倒在地："老爷明鉴，这是小人两年来打鱼摆渡积攒的呀！"

宋清听完，思忖片刻，对衙役说道："这些银子怕不是好来的，闻着有

贼味，把它扔到院子里去吧！”

衙役不解其意，按照知县的吩咐兜起银子，倒在门外的墙角下。

不一会儿，过来一只小花猫，围着银子东闻西闻不肯离去。宋清见此情景，猛地一拍惊堂木：“大胆王讳，你竟敢诬陷好人，还不从实招来！”

王讳顿时脸色骤变，声音发颤地大喊冤枉。

宋清冷冷一笑：“是你冤枉了别人！”说完，他便命人把王讳带到放银子的墙角下，指着银子说：“如果这银子原是和蜜饯放在一起，现在上面肯定会爬满喜爱甜食的蚂蚁，可你们看，上面有一只蚂蚁吗？有的只是我的小花猫，猫喜欢的是鱼腥味，难道这银两的主人还不清楚吗？”

王讳一听，立刻跪倒在地，连声说道：“小人知罪！小人知罪！”

原来，这王讳是个惯骗。昨天在酒店喝酒，听到打鱼艄公与店小二说到包内有50两银子的话，便马上买了些蜜饯，撕破了衣服，装着遭到抢劫的样子，上告公堂，没想到聪明反被聪明误，诈骗不成，自投罗网。

深查细究　法官据实辨冤情

世间的事物无奇不有，复杂多变，有时偶然发生的事件会令人难以置信。法官断案时如果没有一个复杂的头脑，不具备敏锐的洞察力，靠思维定势和以想当然办事，必出冤案无疑。而精明足智的法官却能一见生疑，深查细究，通过科学的推理，作出合乎实际的正确判断，而使即将形成的冤案避免。下面两个断案故事，说的就是这样两个称职的法官。

观鳝鱼破案

清朝时铅山县有个樵夫，身高体壮，食量特大，尤其爱吃鳝鱼。一天，他卖完柴回到家中，饥肠辘辘，看见妻子桌上摆好烧熟的鳝鱼，便狼吞虎咽地吃了起来，不一会儿就把一大盘鳝鱼一扫而光，一抹嘴便倒在炕上歇息。

大约过了一袋烟的工夫，樵夫突然感到肚子疼痛难忍，在炕上翻来覆去地直打滚。家里人忙张罗着找大夫，但还没来得及医治就死去了。

吃饭前还好好儿的，饭后突然死亡，众人都说是他妻子毒死的，就上告到县衙，把他妻子抓了起来。县官几经审问，既不能查实证据，又不能排除嫌疑，无法定罪，也不能放人，就这样押了一年多的时间。

就在这时，张仲明到铅山县任职。他反复审阅此案的案卷，也感到很奇怪。鳝鱼是普通的鱼类，并无毒性，即使烹饪不得法，也不会置人于死地。况且那樵夫一贯食用鳝鱼，从没出现过异常，为何这次会出事呢？检验樵夫所吐食物，不含任何毒性药物，说那妇人害死丈夫，无凭无证。正在张知县百思不得其解之时，他遇到一位“山里通”，闲谈中他说出了很多不能食用的山蘑、山菜。张知县想，蘑菇和山菜有能吃不能吃的，鳝鱼是不是也会有这样两种呢？或许鳝鱼本身没有毒，但在水中被有毒的鱼咬过，也就有了毒。于是，他立即命人找来几个渔夫，让他们四处捕捉鳝鱼。不到一天工夫，就捕得了数百斤。张仲明将这些鳝鱼放养在水缸里，他站立缸边仔细观察。初一看，这些鳝鱼只有颜色、粗细、大小的区别，再细看，情况就不同了，多数鳝鱼在水里只是微微蠕动，只有那么几条总是昂头跳出水面。他细细地数了数，这样的鳝鱼共有七条。

张知县叫人把这七条鱼拣出来，送给樵夫的妻子，叫她按平时惯用的方法烧煮。樵夫的妻子不知大人什么用意，只是很快就把鱼烧好端了上来。张知县命狱卒把鱼送给牢中正待行刑的死囚，那死囚刚吃完鳝鱼不久，就肚子疼得满地打滚，不一会儿就倒地而死。原来有一种特殊的鳝鱼是有毒的。

至此，那樵夫妻子的冤案才得以昭雪。

查油幕免冤案

宋朝时，一次，宫中露天堆物处突然起火，火势极猛，竟把所堆之物全部烧光，幸亏扑救得及时，才未能殃及宫殿。

宫中失大火，非同小可。宋仁宗大怒，下令开封府仓参军强至严加查办。看守货物的几个人都惶恐不安，料定难免一死。

为获得第一手资料，强至首先带人察看了着火处的地形。强至边看边思索着：此地处于深宫，戒备森严，外人无从进入宫中纵火，内部人作案可以直接去烧宫殿，何必引燃货物？再说，看守货物的人都忠实可靠，没有任何可疑，这火到底是从哪儿来的呢？

强至又召集看守货物的几个人到堂前，详细询问火情。众人都说此火确实莫名而起。强至说道："据你们所言，此火只能是天火了？"

众人说："这很难说，这里堆放的东西都极易燃烧。"

"那么，开始燃烧时，你们可曾闻到什么味？"

众人都说是一股焦油味。强至又接着追问："那焦油味是什么东西散发的？"

众人答："一种油幕。"

强至点点头，令众人退下。他心中暗想，油幕有没有自燃的可能呢？于是，他又将幕工们召集来询问。

幕工们说："做油幕必须掺入别的药品，久而久之，药品发生异变，自然就会燃烧。"

强至恍然大悟，他立即据此调查写下奏章启奏皇上。宋仁宗看完奏章，也觉得事出理由可信，他说："前不久，真宗陵园的树林着火，据查也是油衣自燃的，日后需小心为好。"

强至奉旨参照从轻处罚的律文，对堆放保管油幕不慎的人作了处理。人们都说，此事如果不深查细究，草草了事，人世间必增一起冤案。

按迹循踪 “神判官”审石结讼

清朝楚雄县的知县彭永思，人称“神判官”，什么疑难案件，到他手中都会审理得水落石出。常言说，人怕出名猪怕壮，这不，彭永思上午到的省城，下午就被上司拉去帮助审理一件令人头痛的疑案。什么案子这么棘手呢？

某官一五一十地向彭永思介绍了案情：原来是一个地方官往省城押解饷银，到了衙门，库房长官按公文上的饷银数目，清点、验收、入库。不料在清点李小二所赶骡子上的银箱时，发现银箱中多了一块石头，少了200两银子。审问鞭打骡夫李小二，他一问三不知，只是一个劲儿地喊冤枉。

彭永思一听，马上叫他们把箱子里的那块石头拿来。只见他翻过来倒过去，拿着石头看个没完，细细端详了一阵，指着上面大大小小的昆虫茧窝说：“你们看，这是什么？露天大路上的石头绝对不会有这东西，箱里的银子不是骡夫换的，快把李小二放了！”一句话把李小二从万丈深渊中解救出来，乐得李小二连连磕头，千恩万谢。

“李小二，本官问你。”彭永思一句话把李小二从恍惚中惊醒，“骡子两旁布袋里装的银子，数量是否一样多？”

李小二回答：“是一样多。”

“那么，你有没有发现过布袋倾斜？”

李小二被彭永思一提醒，若有所悟地说道：“有！”

“什么时候？”

李小二稍作思索，说：“前天晚上，我们投宿在一家小客栈，第二天上路后不久，我就见布袋有些倾斜。”

“那夜是谁守卫饷银值班？”

“是赵四和李五。”

彭永思微微地点了点头，不再问话。

第二天天明，他找来那位押运饷银的差官，要他召集所有赶骡子的差役，照原路返回，彭永思要随他们到路上把丢失的银子找回来。

一行骡队，由差役赶着，出了省城。彭永思骑在马上，低头看着道路两旁，只要遇见乱石堆，就下马捡起石头察看，然后将石块放进随从的布袋里，一路捡了十几块大大小小的石头。

第二天晚上，他们依旧投宿在那小客栈。彭永思在客栈四周兜了一圈，在屋后房檐下的乱石堆中捡了一块石头，仔细看了一阵，精心地收藏起来。

回到客房，他命手下人在客厅上摆设公案，升堂审石头！

客厅里灯光通明，彭知县端坐正中，差役两旁站立，四周旅客和店主人好奇地围观听审。彭知县下令取出银箱里的那块石头，摆在公案前面，大声问道：

“大胆石头，你家住何处？”

石头怎么能会回话呢？

彭知县嘿嘿一笑：“你不说，这有旁证。”说完把一路上捡来的石头全倒了出来，叫众人辨认是否一样。大家的目光全都集中在石块上，但都说不一样。

彭知县双手端出刚从客栈房后捡到的石头，问大家：“你们看，它像不像？”

众人一看两块石头上都有大小不匀的虫子眼，而且颜色、质地没有一点区别，都说："这两块石头一样。"

彭知县马上严肃地说："这块石头是此屋房后的，银箱里石头的家不就在此地吗？店老板，你说对不对？"

店老板不知说什么，只见他两条腿一个劲儿地颤抖。

彭知县惊堂木一拍，厉声喝问：

"可恶的石头，是谁用你换了银两？"

只听扑通几声，差役赵四、李五、店老板一齐跪伏在地，同声说："小人知罪！"

原来，是他们合谋搞了一个掉包小计。

彭知县审石头的故事很快家喻户晓，从此，他又多了个绰号：石判官。

不畏强权　曹孟德怒惩豪强

曹操是东汉末年的大政治家和大军事家。他为人机警过人，智勇双全，在东汉末年的乱世中崛起，逐步建立了属于自己的政治集团。他挟天子以令诸侯，奉君命而讨不臣，善用人才，屯田兴兵，在建安年间基本上平定了北方，为国家的统一作出了一定的贡献。由于他性格狡诈多疑，而且杀人如麻，多年兴兵，也给广大的人民群众带来了很大的痛苦，所以后人为了表达对他的愤恨和厌恶，称他为“奸雄”。特别是在小说《三国演义》中，作者罗贯中把他塑造成了“宁可我负天下人，休教天下人负我”的坏人，“奸雄”的说法也就更加深入人心了。以至于后来的各种戏曲、评书中都把他说成是个白脸的奸贼，或者是窃国大盗。

实际上曹操在年轻的时候的的确确不是什么“奸雄”，他出身显贵之家，但却没有当时富家子弟都有的膏粱纨绔的习气。他爱好读书，善于权变，很早就表现出杰出的本色。由于他的父亲曹嵩是太监曹腾的养子，曹腾是当时宫中显赫之极的十常侍之一，深得皇帝的宠信，所以曹家在当时可称得上是一个显赫之家。曹操靠着家庭的名声地位和自己的才华，在20岁那年举了孝廉，而后出任洛阳北部尉这个官职。这个官职主要负责洛阳城北部的治安问题，由于洛阳是当时的首都，所以治安问题尤为重要。曹操上任之后决定认真工作，执法如山，坚定不移地做一个铁面无私的官员。

当时的社会十分混乱，治安问题非常严峻。因为当时的朝政异常腐败，法纪废弛，位高权重之人根本不把刑法放在眼里，朝廷的法律实际上是专为受苦受难的百姓而制定的。曹操对社会上的这个问题看得很透，他对此深恶痛绝。他知道，自己身为洛阳北部尉，在执法施刑方面一定会遇到麻烦，特别是来自有权有势的人的麻烦。为了表明自己执法如山的态度，曹操命人造了 20 根五色大棒，立在衙门的左右两侧，一侧立 10 根，并贴出布告晓谕世人，不管是谁，都应该严格遵纪守法，如若不然，一律严惩不贷。

哪知道，没过多久，一个自以为有强大靠山的人就触犯了法律。此人是中常侍蹇硕的叔叔，这个蹇硕是当时权势熏天的人，在皇帝身边炙手可热，他的叔叔仗着有侄子这个大靠山，素来为所欲为，拿法律不当一回事。他有一天夜里提着一把刀穿街而过，按照当时的法令，夜晚宵禁之时是不允许这样做的。他的这个违法行为被曹操逮了个正着，立刻下令，把他抓了起来，按照法令，用五色大棒责打了 40 下。曹操这个壮举震动了整个京师，一时间威名大震，很多豪强都对他畏惧起来，不敢再公然违法乱纪了。

这 40 大棒打得可不轻啊，把这位蹇硕的叔叔打得皮开肉绽，叫苦连天。他立马向侄子蹇硕诉苦告状，蹇硕闻听此事勃然大怒，没想到居然有人敢打自己的叔叔。在蹇硕的眼中，曹操只不过是个地位卑贱的无名小辈，这个不知天高地厚的小子居然敢打自己的叔叔，真是吃了熊心豹子胆！蹇硕决定好好儿整治一下曹操，为叔叔报仇雪恨。他找了个机会向皇帝告状，说曹操的坏话。皇帝是个昏庸无用之人，听信了谗言，打算惩办曹操。多亏了曹操的祖父曹腾在一旁说情，最终才保住了曹操的性命，后来只是贬了曹操的官职而已。

曹操坚持自己的原则，不畏豪强，勇于贯彻法律的公平性和正义性，体现了一个执法人员应有的素养和品质，值得后人敬仰和学习。

军令如山　诸葛亮痛斩马谡

古往今来，军队中的纪律尤为严格。一支军队是否拥有铁一样的纪律，基本上就决定了在作战过程中能否克敌制胜。所以说，军纪严明是军队的灵魂所在，高明的统帅在贯彻执行军法方面都会毫不手软，公正无私。

诸葛亮是三国时期著名的军事家，他辅佐刘备建立了霸业，在四川建立了强大的西蜀政权。他不但是一个足智多谋的人，同时也是一个威严正直的人，作为军中最高军事长官，在管理军队方面一向表现出公正严明的姿态。他的从严治军使得军队的作战能力不断提升，军队中的各级将校对这位诸葛丞相也都很心服。他统帅军队东征西伐，南征北战，始终坚持军令如山的基本原则，令当时的人十分佩服。

诸葛亮受刘备知遇之恩和托孤之重，立志要北伐中原，打败强大的北魏王朝，进而打败东吴政权，扫平天下，一统华夏。228 年，诸葛亮挥师北上，从汉中出发，向中原挺进。当战争进入白热化阶段时，魏军统领司马懿率兵直奔街亭而来，街亭的地理位置十分关键，成了此战中的兵家必争之地。战斗的双方都明白，谁占领了街亭谁就取得了战斗的主动权。于是诸葛亮苦心思索，究竟派谁去镇守街亭呢？这时有一个叫做马谡的将领主动请缨出战，他保证一定不辱使命，牢牢地镇守街亭。

马谡这个人是个很有学问的人，他自幼跟随兄长马良熟读兵书，后来辅佐刘备，随诸葛亮南征北战，经历了很长时间的战争生活。他自认为自己是个帅才，足可以运筹帷幄，决胜千里，镇守街亭只不过是小事一桩，不在话下。诸葛亮对马谡还是很欣赏的，他看马谡请缨出战，态度十分坚决，也就答应他了，把将令给了他。由于街亭一战事关重大，关系到此次战争的胜败，所以他一再叮嘱马谡，千万不可掉以轻心，一定要小心谨慎，好好儿镇守。马谡十分自信，在诸葛亮面前一再表决心，表明自己一定会全力以赴，圆满完成任务。诸葛亮说："既然如此，你敢不敢立下军令状？"军令状是军队中最严格的纪律条例，出战之前，领兵出战的将领在统帅面前立下军令状，就等于签下了生死文书一样。如果完成任务，得胜归来，自然重重有赏。如果失败归来，按军令当予以处斩。所以大家都为马谡捏了一把汗，马谡毫无惧色，毅然立下了军令状。

马谡出战了，他率领军队来到街亭，在一处山坡上扎下营盘。副将王平劝他不要这样做，如果敌人用火攻，则后果不堪设想。马谡自负一生熟读兵书，通晓军事，至于安营扎寨之类的小事当然容易得很，就没听从王平的劝告。结果敌人果然用了火攻之计，把马谡率领的蜀军杀得大败，几乎片甲无存。马谡狼狈不堪，仓皇逃走。他悔不该不听从王平的劝告，以至于一败涂地。

回到军营之中，诸葛亮拍案大怒，他对马谡失街亭这件事十分恼怒。当着全军将校的面，马谡跪在地上，羞愧无比。诸葛亮和马谡私人关系很好，但他知道，现在不能徇私情，应该按军令从事。他把军令状拿了出来，眼中含着痛泪，喝令武士将负罪的马谡推出去斩首。

马谡被斩，全军震动，大家都暗自佩服丞相诸葛亮公正严明，执法如山。蜀军虽然失败了，但军队的纪律并没有混乱，元气并没有破坏，这都有赖于诸葛亮的执法公平。蜀军回到成都以后，诸葛亮深感自己用人不当，主动给皇帝上表请罪，请求皇帝降罪惩罚自己。皇帝刘禅一开始不肯，诸葛亮却十分坚持。他这么做是希望以身作则，让所有的人都引以为戒。后来诸葛亮果然连降三级，他的高风亮节让很多人都心服口服。

新法初设　秦商鞅城南立木

众所周知，法律是社会稳定繁荣的重要保障。法律的设立应该符合社会广大人民的需求，法律的威力能否显现取决于能否将法律完全贯彻实施。特别是在古代那个普遍缺乏法律公正的时代，大多数人民都对朝廷设立的法律不抱多大的幻想，因为在很多时候，法律都不能很好地贯彻实施，不能真正保护广大的人民。至于一项新法的设立，关乎全国上下的政治、经济、文化等事业的繁荣发展。

早在两千多年前的先秦时代，各国之间不断征伐，每一个国家都想要自强不息，使自己发展壮大，争取在最快的时间内迅速崛起。当时的秦国并不是特别强大，国君秦孝公是一个雄才大略的人，他志向远大，发愤图强，立志要把自己的国家发展成一个强大的诸侯国。当时有一个人叫做商鞅，他向秦孝公毛遂自荐，说如果想让秦国强大，就必须变法，实行更加符合国家发展的政策条例。秦孝公经过一番考查和思索，终于认可了商鞅的才华，认为商鞅提出的变法之事可以实施。

但自从秦国建立之初直到如今，还从没有这样的事情，秦孝公担心秦国的士人和百姓对变法缺乏认同，如果大家对新设立的法令不信赖，那么新法的推行就会非常困难。商鞅见秦孝公很为难，说大王您不必为难，我自有妙计。

商鞅命人扛着一根又粗又长的柱子，立在城南的城门之下，贴出告示，向全国的人通知：不管是谁，如果可以把这根柱子从城南扛到城北，马上赏赐50两黄金。告示一贴出，马上围上来很多百姓。这件事让大家都很诧异，50两黄金可是一笔巨款啊，怎么可能这么容易就得到呢？大家围在城南脚下，七嘴八舌，犹豫不决。正当商鞅微微有点心急的时候，终于有一个强壮的人越众而出，说自己想要试试。商鞅很高兴，只见这个人扛起了这根长达3丈的柱子向城北走去，不一会儿就到达了目的地。商鞅当着大家的面，就赏赐给这个人50两黄金。大家亲眼所见，商鞅言出如山，都对他十分信服。而后商鞅推行新法，全国的人都一致表示拥护。

城南立木的故事告诉我们，要想让大家信服自己，就应该执法公平，不失信于民。这样一来，才能得到老百姓的拥护。

为国锄奸　忠石碏大义灭亲

很多人都知道“大义灭亲”这个成语，但对于这个成语的出处似乎不是很明白。这个故事发生在两千多年前的春秋时代，当时卫国的都城朝歌里有一个鱼肉百姓、危害群众的不法之徒，但由于他是国君卫庄公的公子，所以没有人敢触犯他，更没有人敢管他。

这个无恶不作的害人精叫做州吁，他是卫庄公的三儿子，他还有两个哥哥姬完和姬晋。当时卫国有一个大忠臣，叫做石碏，他身为卫国的大夫，多次劝谏卫庄公应该好好儿管教一下州吁，不能让他继续胡作非为，给国家带来祸害。但卫庄公特别溺爱自己这个小儿子，对他的恶行一向十分纵容，对石碏的劝谏不予理睬。

令石碏更加头疼的是，自己的儿子石厚也是个不学无术的坏小子，他喜欢和州吁在一起鬼混，在卫国横行不法，无事不为。当时卫国的人没有不恨这两个恶人的。对于儿子的丑恶行径，石碏十分气愤，有一次他把儿子石厚抓了起来，用绳子捆住了，关在一间小屋子里。没想到石厚挣断了绳子，趁着父亲没有察觉，越窗而逃，跑到州吁那里。从此两人更加沆瀣一气，蛇鼠一窝，所做的坏事越来越多，也越来越大。

等到卫庄公去世，卫庄公的长子姬完即位，史称卫桓公。这个卫桓公是个懦弱无能的人，石碏见他无所作为，无心做官，于是辞官还乡了。

那个州吁和石厚如今更加横行霸道。公元前719年，石厚给州吁出主意，把卫桓公除掉，拥立州吁做卫国的国君。州吁听从了石厚的毒计，把自己的亲哥哥害死了。州吁和石厚为了降服国民，在邻国中扬威，就贿赂鲁国、陈国、蔡国和宋国，征调大批的青壮年参军入伍，去攻伐郑国，抢夺财物。州吁和石厚的倒行逆施给广大地区的人民都带来了很大的灾难，很多家庭家破人亡，苦不堪言。老百姓为了表达对这两个罪大恶极的人的仇恨，编了个民谣："一雄毙，一雄尖，歌舞变刀兵，何时见太平。"

州吁眼见百姓不拥戴自己，十分忧虑。石厚就给他出主意，可以把自己父亲石碏请出来执掌朝政，平定百姓的怨气。州吁一向对石厚言听计从，他觉得这个主意非常好，于是同意了。他派遣使者，携带着重礼前去聘请石碏。石碏对州吁和石厚的事情早已知晓，心中十分痛恨这对奸贼，早就想找个机会把他们铲除。如今机会来了，石碏将计就计，假意答允了州吁的请求。与此同时，石碏提出，州吁要想即位，得到百姓的拥护，必须去觐见周天子，得到周天子的册封。如今陈国的国君深得周天子的信赖，如果州吁能得到陈国国君的支持，向周天子进一点美言，册封之事就指日可待了。州吁没想到石碏真答应出山辅助自己，喜出望外，没想别的，对石碏的意见全盘接受。州吁于是派遣石厚，携带重礼去陈国见国君，希望得到陈国国君的支持和协助。

石碏暗中写了一份血书，派人秘密送到陈国去。陈国有一个人叫子针的，是石碏的好朋友。子针打开这封血书一看，只见上面的内容大概是这样的：我石碏身为卫国重臣，目睹国家被州吁和石厚这两个奸贼弄得民不聊生，感到十分惭愧痛恨。我决心将此二贼除掉，只是苦于年老体迈，多有不便，现在我恳请陈国能助我一臂之力，现在这两个恶贼正前往陈国，请您将此二人捉住处死。陈国国君和子针也认为州吁和石厚是名副其实的乱臣贼子，人人得而诛之，于是决定协助石碏，将此二人铲除。

等到石厚和州吁先后到了陈国以后，马上被陈国的武士捉了起来。

石碏在卫国听到这个消息，心中十分矛盾。因为不管怎么说石厚毕竟是自己的亲生儿子，要把他杀掉怎么忍心呢？卫国的众位大臣在一起开会，说：“州吁是首恶，应该杀掉，至于石厚，不过是从犯，可以从轻发落。”石碏说：“石厚助纣为虐，给州吁出了很多坏主意，他的罪恶丝毫不比州吁小，怎么可以轻饶呢？”家臣羊肩说：“国老不必生气，我去陈国帮你解决这个事情。”

于是羊肩来到陈国，石厚见他是父亲派来杀自己的，对他苦苦哀求，希望回到卫国去见石碏。羊肩说：“你父亲已经决定杀你了，你不必回去了。”说完就把石厚和州吁砍头了。

石碏为了维护国家的法纪，毅然决然惩办了自己的亲生儿子，让全国的人都十分叹服。于是就留下了“大义灭亲”这个美谈，传诵千古。

公正廉明　施世纶名传千古

喜欢清代公案小说的人对著名的清代小说《施公案》应该十分熟悉，这部小说，使后世都了解了施公其人。施公是一个品德高尚的人，另外，他断案如神的故事也深入人心。在小说中，施公明察秋毫，巧妙地查出很多疑案，让很多冤屈的人平反昭雪，让犯罪作恶的人受到法律的制裁。但话说回来，《施公案》毕竟是一部文学作品，其中不乏演绎的成分和虚构的地方。

历史上真实的施公名为施世纶，字文贤。提起他的出身来，那是大大的有名。他是大名鼎鼎的靖海侯福建水师提督施琅的次子。根据史书，他居官时，政绩显著，清名远播。《清史稿》就这样写道："聪强果决，准抑豪猾，禁胥吏，所至有惠政。"这个评价还是很高的。施世纶刚正不阿，为人正派，他在任江都县令时，有亲戚朋友来找他托路子走后门，他都一概严词拒绝。施公的清名远播，深受当地百姓的爱戴和拥护，当时江都流传一句话："关节不到，有阎罗施老。"所以常有人把他比作北宋时期正直刚毅的包拯。这两个清官确实有几分相似，他们都是智慧超群的人，而且做官公正廉明，名传后世。

关于施世纶的光辉事迹有很多，例如：一次有一人犯了重罪，向一个衙吏行贿求救。衙吏收了钱后告诉他："你临刑时只管大声哀求，我自有办法救你。"到了刑场，犯人果然大声哀呼。那衙吏却在旁边说："你快快认罪吧！喊也没有用！"于是转身就走了。施公在旁边察言观色，马上就省悟:犯人被衙吏所欺骗,于是重重处罚了这奸吏。

还有一次湖南缺一位按察使,三公九卿们都推荐施世纶,因为这个时候施世纶已经成为家喻户晓的名人了,在朝野上下都很有名。不料当时的皇帝康熙却说:“朕深知世纶廉洁,但是他遇事偏执,小民与有功名的生员争讼,他必定偏袒小民;生员与官员乡绅争讼,他必定偏袒生员。而处理事情应当讲求平和适中,因事而异,怎么可以偏执呢?像施世纶这样的人,委以钱粮谷物之事还比较合适。”康熙对施世纶还是很了解的,这个评价十分恰当。康熙皇帝当年就授予施世纶湖南布政使的职位。当时湖南田赋丁银还附加徭费,槽米则附加有京费。施世纶上任后,取消了全部徭费,百姓非常爱戴他,专门立碑纪念他。

自首从轻　王坦之网开一面

王坦之，字文度，是东晋晋阳人。东晋建立王朝，得到南方士族的帮助，其中最有名而且影响最大的，当属王家。王坦之由于出身世家大族，所以自幼生活在一个书香门第，受到很好的教育。他天资聪颖，很小的时候就对史书和刑名之学很感兴趣。《晋书》上说他“敦儒教，颇尚刑名学”。因为儒教是当时的正统，而刑名之学则属于旁支，但王坦之则认为，刑名之学关乎社会安定和人民的生命财产，尤为显得重要，判案的官员应该执法为公，秉公而断，不草菅人命，不滥用职权。作为一个世家出身的贵族子弟，能有这样的真知灼见，可以说是十分难得的。

王坦之长大成人之后，更是满腹诗书，为人很正派。他立志要做一番轰轰烈烈的事业，光宗耀祖，报效国家。他后来继承了父亲王蓝田侯的爵位，这是当时世袭制的常规旧法。很多贵族子弟都依仗祖上的功业和官职，不思进取，醉生梦死，糊里糊涂地度日。但王坦之不是这样的人，他即便继承了爵位，却没有停止读书，而且对刑名断案的事情更加感兴趣了。

不久，一个案子就到了自己面前，需要他处理。原来，有个叫韩怅的士兵逃跑后又回来自首，称自己是迫不得已才逃走的，如今翻然悔悟，前来自首。王坦之见这个自首的士兵态度诚惶诚恐，十分害怕，不过认罪自首的样子倒是十分真挚。因为古代的兵役制度十分严格，一旦被征召入伍，就不能轻易离开军营。对于中途逃跑的士兵，军队将对其进行十分严厉的惩罚。正因为如此，才使得当时很多士兵都不敢轻易离开，但军队的生活又太苦了，士兵们又经常领不到养家的饷银，所以一个个怨声载道。基于这个情况，朝廷多次下令，要那些军区和地方军事长官要慎重对待，不能让这种危及军心的事情延续下去了。要知道，一个国家的稳定，军队起到了很大的作用，一旦军心涣散，倘若敌人来袭，后果不堪设想。而且此时北方的少数民族方兴未艾，淝水之战迫在眉睫，朝廷正在用人之际，军队的管理就尤为显得重要了。没想到在这个紧急的时刻，居然出现了这样的事情，让很多人都感到担心。一般情况下，逃跑的士兵都不会重新回到军营，因为如果一旦回去将受到极其严酷的惩罚。军队有专门负责监视士兵的人，也有专门负责出去逮捕逃跑士兵的人，逃兵一旦被捉住将被处死。

面对这个去而复返的逃兵，王坦之感到很诧异，他为这个人的勇气和承认过错的勇气而感动。王坦之觉得这件事情一定另有隐情，否则这个人不会主动回来自首。而且，一个人犯了错，还懂得亡羊补牢，及时改正，那么就应该从轻对待，如果能够网开一面，也许能起到很好的效果。王坦之心存善念，一心要弄清楚究竟是怎么回事。他仔细追问事情的来龙去脉，经过一番调查，才知道这个韩帐因为一时不慎丢了牛，惧怕惩罚才逃跑了。当时官府对韩帐以偷牛罪定罪，并且对韩帐进行了严刑拷打，韩帐是受刑不过才承认的。王坦之认真听完事情的经过，认为韩帐是自己回来自首的，却在法律规定之外给他加了罪；由于一时大意丢了牛，罪过其实是可以饶恕的。一般人都熬不住刑讯逼供的痛苦，说谎自诬的事很常见。所以此案应当适用罪疑从轻的法律原则。于是从轻处罚了韩帐。这个逃兵原以为自己罪不可恕，之所以回来自首也是被逼无奈的行为。如今见了王坦之的判决和处理，不禁十分感激，而且到处宣扬王坦之的善举和慈爱仁厚，所以这样一来，王坦之的名声就越来越大了，而军队的风气也得到了一定的纠正。

在这个故事中，王坦之贯彻了中国古代法律传统中自首从轻和罪疑从轻的原则。更为可贵的是，他对刑讯逼供的后果有清醒的认识，知道一般人都受不住“加之木石”的痛苦，所以坚决主张不采纳刑讯得来的口供，而根据“罪疑从轻”的原则从轻判处。

拒不害人　何中丞持公而论

提到岳飞其人，那可是中国历史上赫赫有名的爱国将领。北宋末年，金人攻陷北宋都城东京汴梁，俘虏了宋朝的两个皇帝宋徽宗和宋钦宗。从此之后，中国历史进入了南宋阶段，南宋定都在临安，宋高宗赵构没有特别强硬的态度，对于收复失地没有多大信心。但当时的著名将领岳飞却是信心十足，发愤图强，决心率领自己训练的军队北上抗金，收复失地，迎二圣还朝。

但是岳飞的志向和皇帝很矛盾，这就决定了他命运的悲剧下场。岳飞后来在前线被紧急召回，被诬陷为谋反罪，被关到监狱中去了。其中，奸相秦桧起到了决定性的作用，他嫉妒岳飞的功绩，一心将他谋害而死。昏君佞臣沆瀣一气，所以岳飞的入狱是不能避免的。

岳飞被诬陷下狱后，秦桧即指派御史中丞何铸审理岳飞。何铸是一个十分正直的人，他听说朝廷让自己去审理此案，心里十分不愿意。因为他知道，岳飞十有八九是被冤枉的，当今皇帝是一个不思进取的昏君，朝政被奸相秦桧把持着，朝野上下乌烟瘴气，岳飞是个大大的忠臣，却被诬陷为谋反的反贼，实在是大冤案。当今朝廷正在用人之际，北方大部分的土地还在金人的手中，国耻未雪，大将却被诬陷下狱，当时很多世人都在扼腕叹息。但是朝廷既然下令让他前去审案，他即便不想去也是没有办法的。

何铸硬着头皮，前去查案。何铸抱着一丝侥幸的心理，希望能通过查案，将岳飞的冤案查清楚，让皇帝知道岳飞是被冤枉的，也许皇帝能及时悔悟，饶恕岳飞的性命。这个案子经何铸反复查证，认为岳飞谋反的罪证明显不足。何铸去监狱见岳飞，审问他是不是有谋反之心。岳飞二话不说，将上身的衣服脱掉，露出背上的四个大字：尽忠报国。何铸目睹此情此景，不禁潸然泪下。他深深地被岳飞的爱国精神打动，他当时就对旁边的人说："如果这样的人都能造反，这世上还有天理吗？"

何铸经过调查，终于发现这个案子是个冤案，岳飞的的确确是被冤枉的。何铸一腔热血，他有很强的责任心，决定冒着生命的危险向皇帝如实相告。他先是找到宰相秦桧，说明这个案子的真实情况。没想到秦桧很明白地告诉他："这是皇上的意思……"何铸听了不为所动，并且凛然答道："我是个执法者，不能栽赃冤枉，为了国家前途，凡是一个有良心的人，都不能如此做啊！况现在强敌当前，诬杀大将，必使士卒寒心，而国家前途，将不堪设想。"何铸的话义正词严，可以说代表着当时正义的声音。

秦桧无法回答，只是命他继续审理，然后将他判为死刑，这样就把任务完成了。秦桧还说，如果你这样做了，皇上会重重有赏的。由于秦桧位高权重，他的话几乎就等同于皇帝的话。何铸也明白，岳飞之死看来是避免不了的了，如果自己顺水推舟，判处岳飞死刑，这样皇帝和秦桧都会很满意，自己也会受赏，加官晋爵也不在话下。但是，何铸终究是个有良心的官员，他知道，升官发财自然很好，但如果要靠自己陷害忠臣换来实在是缺德之极。何铸做官一向清廉公正，他不想这一次毁了自己的名节，所以不管秦桧怎样威逼利诱，他也坚决不同意陷害岳飞。何铸的反抗几乎和抗旨差不多，秦桧跟他说，倘若一意孤行，后果不堪设想，官职不保不在话下，有可能皇帝一怒之下会要了你的命。何铸权衡思考再三，终于不为所动，坚持自己的原则，坚决不忍下手陷害岳飞这位大忠臣。

秦桧实在没有办法了，他一看这个何铸是个硬骨头，软硬兼施都无济于事。于是，秦桧只能另派他人审理此案。后来，岳飞终于被判成了死罪，被残忍地处死了。这个千古奇冤让后世的无数的人叹息不已。大家在同情岳飞的同时，也痛恨那对昏君佞臣。其实，这个历史事件的背后还有一个亮点，那就是御史中丞何铸。他坚持原则，公正不阿，冒死抗旨，体现出高尚的人格。

不过，何铸毕竟因此得罪了秦桧，秦桧便俟机想整肃他。而何铸也知道自己的处境艰险，于是更加洁身自守。他除了没有自营宅第外，平时也在佛寺赁屋居住，并且将俸给之余，济助贫困乡亲，平时则以读书为乐。最终何铸得以保全，后世称之为直官。

作诗定情　王知县成就姻缘

古代封建社会是一个法治不健全的时代，一旦有人告状，判案子的官员往往需要灵活处理，只有将法理和情感很好地结合起来，结合实际情况才能将事情处理得圆满，给当事人一个公平。

明代福建龙溪县有个读书的年轻人，叫做张松茂，与邻女金媚兰从小就青梅竹马，长大后互相爱慕。后来两个年轻人偷偷地私订终身了，结果被金家“捉奸成双”，把张松茂捆将到福建巡抚王刚中的大堂上，金媚兰跟着也跑来了。要知道，这在古代是十分羞耻的事情，而且为法律和礼教所不容。封建社会的纲常礼教十分严格，提倡“存天理，灭人欲”，这是违反人性的恶劣的传统。很多古代青年男女都被这个吃人的礼教害得一辈子得不到幸福。如今这对恋人被捉住了，被当作罪犯抓到了县衙。

当地的县官叫做王刚中。这个王刚中是个风雅之人，满腹诗书，为人做官也很公正。这一天，王刚中见有人告状，立刻吩咐升堂。王刚中一看二人外貌，都是眉清目秀，举止儒雅，不像是放荡奸邪的小人，便有心成全二人，便问道：“你俩会作诗吗？”张、金二人惊魂未定，听了这句有些莫名其妙的问话，都赶紧点了点头。张松茂平时就很喜欢读书作诗，金媚兰也从小就跟随父亲读书，这些年常和张松茂在一起讨论诗书，她作诗的水平丝毫不比张松茂差。

王刚中琢磨，应该出个什么作诗的题目呢？苦思冥想了一会儿，他不经意间抬头看见了堂前的一个蜘蛛网，便指着堂前檐下蜘蛛网上悬着的一只蝴蝶对张松茂说：“你如果能以此为题作诗，本官就饶了你的罪行。”张松茂抬头看了看那只蝴蝶，稍微一思索，便有了主意。等到王县令话刚说完，就听张松茂吟道：“只因赋性太癫狂，游遍花丛觅异香。近日误投罗网里，脱身还藉探花郎。”探花出身的王刚中心想此人才思敏捷，而且诗中有悔过之意，很是难得。他有心再试试金媚兰的才情，看看他们是不是般配，便又指着门口的珠帘子对金媚兰说：“你也以此为题赋诗一首吧。”金媚兰略加思索，随即念道：“绿筠劈成条条直，红线相连眼眼齐。只为如花成片断，遂令失节致参差。”王刚中听罢，不觉击节赞叹。见他二人郎才女貌，年龄相当，便提笔写判词道：“佳人才子两相宜，致富端由祸所基。判作夫妻永偕老，不劳钻穴窥于隙。”二人磕头拜谢。金家见事已至此，也就息事宁人，很快为二人办了喜事。

就这样，原本是一桩诉讼案件，转眼间就成了有情人终成眷属的美事。这全都靠王刚中的灵活处理，他的这个判决和解决的方法也完全是出自公平的原则和成人之美的好心。

追本溯源　傅季珪特重物证

傅琰，字季珪，北地灵州（今宁夏灵武）人，自其先祖南下以后，世代侨居南方。从其父开始，傅氏祖孙四代都曾担任过南朝的县令，并著声名。傅琰历任县令、广威军将郡丞、尚书右丞、督军、建威将军、刺史职。为官明察事理，处事果断，特别是办案重视实物证据，廉正有才，勤于职守，其父子成为廉吏世家。

南朝时期，傅琰为山阴（今绍兴市）令。山阴是江南社会经济最发达的地区之一，各种社会矛盾错综复杂，县衙里的诉讼案件特别多。傅琰细察民情，办案公允果断。有一次，卖针和卖糖的两个老太婆争一团蚕丝，都说是自己的，并各自编出了一大堆理由，谁也不肯相让，结果官司打到了县衙公堂之上。

傅琰不轻信言词，而是注重寻找实物证据。他将那团丝缚在房柱上，用皮鞭抽打，然后再仔细察看地面，结果从团丝中掉出一些造针而产生的铁屑。这样，一切都明白了，将团丝判归卖针老人。

还有一次，有两个村里老汉争一只鸡，而又都拿不出证据。这一次傅琰是既审问，又验之以物证。他问："你们都是拿什么喂鸡的？"一人回答是用粟，一人回答是用豆。傅琰杀死鸡，破开鸡的食囊，看到的是粟，于是以言豆者为诈骗，将鸡判给言粟的老汉。

据史乘记载，山阴的傅琰司法"神明，无敢复为偷盗"。傅琰之子傅翙也如其父一样，为民兴福，审理疑案，捉拿盗贼，有如神明。建康令孙廉十分钦佩，问其采用的是什么妙法？有何秘诀？傅翙回答说："没有什么特别之处，唯勤与清而已。自己清白，处世才公正，法律的尊严才得到维护，官员们就会跟着你廉洁奉公。自己勤恳，就能了解下情，案件及时处理，社会矛盾不会激化，境内就自然治理好了。为官若能清白廉正和恪勤职守，事情就不会做不好的。"孙廉听了傅翙的话，感到十分佩服。

正本清源　司马说智破冤案

一个案件的侦破往往需要的是人证、物证和旁证，那么作为证明案件的真实性方面，很多人都认为人证是最重要的，因为人是有头脑、有意识的，人说的话往往十分有力度。但事实上，人证并不是最可靠的，因为人的思想和感情常常随着外在事态的变化而发生波动，这就为破案带来很大的障碍和干扰。事实上我们通常所说的铁证如山指的是物证，物证虽然不会说话，但它记录了案发时的一切可信的信息，给破案带来便利。

但物证也不是完全可靠的，物证往往真假混淆，难以区别，因而最容易造成冤假错案。那么真假物证是不是就没有办法区分了呢？当然不是，只要判案人员小心对待，仔细研究，深入查找，是一定可以将它们区别开来的。下面所说的这个真实的案例就恰好说明了这一点。

后魏时期，有一个叫做司马说的，他是当时的豫州刺史。上蔡县有个叫做董毛奴的人，出门经商，身上携带着五千文钱。在他回家的路上，被人杀死了，尸体被抛在了路旁。因为这个董毛奴是个刻薄的商人，得罪了很多人，其中和他仇恨最大的就是一个叫做张堤的，所以当官府追查谁是杀人凶手的时候，很多人都知道董毛奴和张堤之间的事情，所以大家异口同声地认为，凶手一定是这个张堤。官府的人也认为张堤的嫌疑最大，所以马上派人把张堤抓了起来。官吏们在逮捕张堤的同时也搜查了张堤的家，没想到居然在他家搜出来5000文钱，真是无巧不成书。这5000文钱可不是一笔小数目，一般人不会把它放在身边，于是张堤被绳捆索绑，抓到衙门。这个张堤是个胆小怕事的人，当他被抓到堂上审讯的时候，吓得脸色发黄，呼吸都不均匀了，审理案件的官吏一个个如狼似虎，见张堤这个样子，都以为他是做贼心虚，于是问他承不承认是杀人凶手。还说，如果不承认就要动用大刑。这个张堤十分害怕上刑，见那审案的大堂像森罗殿一样，吓得不知所措，只得含冤认罪，承认是他杀的人。在封建社会里，像这样通过威逼利诱或屈打成招而定案的事情不在少数，这造成了很大的不公平，使很多人都含冤而死。这个张堤就差一点儿因为认罪而被判死刑。

正当张堤绝望等死的时候，这个看似简单至极的案子被司马说知道了。司马说一向做事谨慎，对待每一个重刑犯都很认真，他知道，一个断案官员的判决关系到人的生命，有道是人命关天，不能随便处理了事。司马说看了看卷宗，觉得此案有很多疑点，于是把死者的哥哥叫到官府中来问话。这个死者的哥哥叫做灵之，司马说问道："灵之，我来问你，杀人抢钱一定会经过一番争斗，案发现场一定十分凌乱，并且当时的凶手一定慌慌张张的，现场一定留下一些蛛丝马迹，或者是一些物证，你曾经得到什么东西没有？你在现场可曾发现什么？"灵之回答说："我在现场曾得到一个刀鞘。"司马说很高兴，马上叫他把这个物证拿来。灵之回家取刀鞘，不一会儿回来了，交到司马说的手中，司马说端详了许久，说："这个刀鞘十分精致，不像是一般的乡间小巷的普通人能打造出来的。可见这个刀鞘并不是那个张堤的。"于是，司马说派人把州内所有的刀匠都召集到一起，让他们认一认这个刀鞘是谁做的，有个叫郭门的刀匠一眼就认出了这个刀鞘，说："这刀鞘是我制作的。"司马说就问："你制作完以后，把这个刀鞘卖给谁了？"郭门说："卖给了我的邻居董及祖了。"司马说于是马上下令，叫人把那个董及祖叫来问话，经过审查研究，董及祖在铁的事实面前不得不低头认罪。他承认自己就是杀人凶手。灵之又在凶手董及祖的身上发现他所穿的衣服正是自己弟弟的衣服，这样一来就更证实了董及祖是凶手。

循循善诱　朱寿昌终除恶霸

宋代大文豪曾巩有一个好朋友，叫做朱寿昌，是个十分有经验的官员。他在任期间曾经破过很多案件，朱寿昌为人疾恶如仇，不畏强权，敢作敢为，只要认为正确的事情就一定坚持下去。所以在当时的士林和百姓中赢得了很高的声望。在朱寿昌死后，曾巩为他撰写了一篇墓志铭，在这篇墓志铭中，记载了这样一件大快人心的故事：

朱寿昌在阆州做知府的时候，当地有一个作恶多端的恶霸土豪，叫做雍子良。他在当地横行不法，曾经屡次杀人犯法，他自恃家里有钱，每回杀了人以后就贿赂当地的官员，收买这些贪官污吏，因此总是可以逍遥法外，没有人叫他抵命的。朱寿昌上任之后，雷厉风行，准备整饬吏治。这个土豪雍子良又杀了人，案发后，他收买了一个穷苦百姓去官府自首。朱寿昌以前就听过这个土豪的恶名，当这个案子摆在眼前的时候就觉得十分蹊跷。他见这个农民很老实，不像是个杀人越货的狂徒，因此判断此案必是一桩代人受过的冤案。

朱寿昌并没有将思考停在主观臆想阶段，而是进入了理性的客观调查之中。他经过一番专业的调查，发现这件事情果然有假。于是朱寿昌便把那自首的杀人犯叫到近前，吩咐左右的人都避开，只留自己和犯人在场。他开始进行审讯，这个犯人的话和以前承认的口供竟然一模一样，没有什么改变。

按理说，一个犯人对自己的罪行供认不讳，这案子也就没有什么再调查下去的必要了，应该很快可以进入终结的阶段了。但是朱寿昌依然觉得其中有问题，需要进一步核实追问。他盯着这个犯人说："你本来是个安分守己过日子的人，如今却无端成了阶下囚，眼见就要开刀问斩了，不觉得可惜吗？"这犯人默然无语，低低地垂着头，不说一个字。朱寿昌微微一笑，说道："你拿自己的性命去代别人去死，你可别后悔啊！"这犯人微微仰起头，想说些什么，但终究没有开口。朱寿昌紧追不舍，说："我听说那个雍子良给了你10万贯钱，而且答应娶你的女儿做儿媳妇，又答应把他的女儿嫁给你家，可有此事？"那犯人似乎点了点头，不过终究没有十分干脆地承认。朱寿昌说："你别以为自己死得很值得。你自以为用自己的死换来整个家庭的荣华富贵，而且从此可以和土豪结亲，在乡里荣耀显达，自己的儿女也可以从此扬眉吐气了。其实你想错了，你也不考虑考虑，那土豪恶霸雍子良是何等人？他怎么会和你攀亲？他对你的许诺只是哄骗你罢了，事实上根本不会履行的。"那犯人听了这话，顿时脸色大变。朱寿昌又进一步告诉他："你马上就要死了，他现在已经把和你订好的那张文书契约的内容改动了，将你的女儿抢过来做他家的婢女，给你的那10万贯钱则当作雇佣你女儿的工资，而且把他自己的女儿改嫁给别人了。你一心盼望的好事一件也没实现，你知道吗？"那犯人听到这里，猛然间恍然大悟，趴在地上放声大哭。

随后朱寿昌又好言安慰他，让他把实情都说出来。那犯人终于忍不住了，就一五一十地把事情的原委和来龙去脉都说了出来。原来，这次又是那雍子良杀了人，买通了这个农民来抵罪，事情水落石出了，朱寿昌立即派人去把雍子良逮捕归案，按照法律给以应得的处分。

雍子良在这一带为所欲为，是当地的一大祸害，老百姓对其恨之入骨。这次朱寿昌终于将其逮捕治罪，全郡的黎民百姓莫不欢呼庆幸，对这个朱寿昌大人的义举十分感恩戴德。

其实，用今天的眼光来看，朱寿昌的行为只是一个合格的官吏应尽的义务和职责，但是在那个几乎没有公平可言的古代封建社会里，朱寿昌的功绩还是很值得人称颂的。雍子良多行不义，终于得到应得的处分，确实大快人心。

观察入微　高知州凭衣查案

《宋史》中记载着一个十分干练的官员的事迹，十分值得后人借鉴。这个官员叫做高仿，他一开始不是宋朝的官员，而是在周世宗的手下效劳。当时高仿在蔡州当知州，他管辖下有个百姓叫王义的被强盗抢劫。后来官府的捕快四处捉拿凶犯，终于捉到了五个疑犯，关押在监狱里。

古代的判案制度十分不合理，一旦将疑犯捉住关进大牢之后，马上施加十分严酷的刑罚，目的就是逼迫罪犯招供。这次也不例外，这五个疑犯被狱中的狱卒折磨得鬼哭狼嚎，浑身上下鲜血直流，伤痕累累。后来这五个人终于招供了，承认自己就是强盗，抢劫了那个王义的衣服。既然疑犯已经招供，那么接下来就是录口供，让疑犯签字画押。一切办理停当了，案子也就进入了尾声。

正当几乎所有人都认为这个案子已经没什么可查之处的时候，高仿却不以为然。他仔仔细细地翻检卷宗，反复思量案子的整个过程以及每一个细节，最终他得出一个结论：此中有假。于是，高仿就命人将赃物拿来看看。然后，问那个被抢劫的王义说："你被抢走的那件单上衣和那条套裤，是不是在同一匹布上裁下来做成的？"王义说："是啊。"高仿就叫人把那件单上衣和套裤的布帛宽度量一量，结果发现它们的宽窄不同，布纹的疏密也很不一样，根本不是从一匹布上裁下来做成的。

高仿于是重新审理此案，把那5个疑犯叫来重新审问，那5个人这才流着眼泪说他们其实是被冤枉的。高仿就问道:“既然你们是被冤枉的,你们也并没有当强盗去抢劫,那为什么要承认呢?”这五个人说:“谁也不想死啊,我们也不想承认的,但是实在受不了监狱的酷刑,所以只求一死了之。”高仿知道这件事,十分生气,把监狱的狱卒叫来训斥了一通。

一群如狼似虎的狱卒把这五个老百姓屈打成招,险些酿成一桩冤案,多亏了高仿及时发现其中的可疑之处。可见一个官员是否细心,直接关乎人的生死。

以毒攻毒　西门豹革除鄙俗

西门豹是公元前5世纪人，因为很有才能，被国王派往邺地做县令。西门豹一上任，就召见了当地一些名声好的老人，问他们老百姓对什么事情感到最痛苦。老人们告诉他，最苦的就是每年给河神娶媳妇了，为了这个缘故，整个邺地都闹得很穷。

原来，邺地挨着黄河，当地民间有个传说，黄河里住着河神。如果不给河神娶媳妇，黄河就会发大水，淹死全城的百姓，所以很久以来，官府和巫婆们都很热心地操办这件事，并借此征收额外的捐税，以便他们私分。老人们告诉西门豹，每年到了一定时候，就有一个老巫婆出来巡察，见到穷苦人家的女孩子模样长得漂亮一些的就说"这个应该给河神做夫人"，然后由官府出面，强行把女孩子带走，要她单独居住，给她缝制崭新的衣服，给她吃好食品，十多天后，河神娶媳妇的日子到了，众人就把女孩子打扮起来，把一张席子当作床，叫她坐在上面，然后抬着席子放在河里。起初女孩还浮在水面上，渐渐地席子跟人就沉到水底去了。巫婆们便举行仪式，表示河神已经娶到了满意的媳妇。

西门豹听后并没有说什么，老人们也没有对这位新来的县令抱多大的希望。又到了给河神娶亲的日子了。西门豹得到消息后，带了士兵，早早就到河边等候。没多久，城里有权势的富人们、官府里的衙役及被选中的女孩都到了，随同的老巫婆看样子有70多岁。西门豹说："把河神的老婆带过来，看看她漂亮不漂亮。”有人把女孩带过来，站在西门豹面前。西门豹看了一眼，就回头对众人说：“这个女孩不漂亮，够不上做河神的老婆。可是河神今天一定等着迎亲，就请巫婆走一趟，到河里通知河神，等到另外找一个漂亮的女子，过一天再来。”说着，还没等众人明白是怎么回事，就命令士兵抬起巫婆，抛进河里去了。

隔了一会儿，西门豹说：“巫婆怎么走了这么长时间还没有回话，叫个徒弟去催催她。”于是又命令士兵把巫婆的一个徒弟扔进河里，这样前前后后，扔了三个徒弟到河里。河边站着的富人们、官府里的人和围观的人都惊呆了，再看西门豹，却是毕恭毕敬，一副虔诚的样子，像是专心等待河神的回话。又过了一会儿，西门豹说：“看来河神太好客了，留住了这些使者不让回来，还是再去一个人去催催吧。”说完，他向那些操办这件事的地方富绅和官吏看去，这些人从惊吓中回过神来，全都跪在地上求饶，生怕西门豹把自己也扔下河去见河神。西门豹提高声音对在场的所有人说：“河神娶媳妇本是骗人的把戏，如果以后谁再操办这件事，就先把谁扔到河里去见河神。”

从此，邺地河神娶媳妇的闹剧就绝迹了，西门豹运用自己的能力，把这里治理得也非常好。

西门豹治理邺地取得了这么大的成就，其原因有这么几点：一、西门豹拥有一颗爱民如子的好心；二、西门豹懂得，要想革除这个荒谬绝伦的风俗就应该对主持这项风俗的恶人严加惩处；三、西门豹从公平的角度出发，十分恰当地运用了以毒攻毒的好办法，十分具有说服力和威慑力，在残酷的事实面前纠正了人们对邪恶风俗的怀疑和放弃。一个官员要想做到有功于民，就必须在公众面前彰显公平的力量，西门豹就是如此，他当着所有人的面戳穿了闹剧的本来面目：假如真有河神，那么干吗总让别人下水呢？你巫婆既然口口声声可以沟通神灵，那你就下河去一趟吧。这种以牙还牙的手段就是源自一种公平的力量，十分鲜明地教育了愚昧的百姓，同时惩处了贪得无厌的巫师巫婆。所以，西门豹治邺的故事，直到今天仍然有很好的教育意义和指导启发的意义。

公平至上　韩昭侯善于驭下

早在战国年间，有一个十分有作为的君主，他就是韩昭侯。这个人十分讲究公平公正，为人严肃，刚直不阿，对待属下也是以公平公正的态度为主，应该说，在那个时代能做到这一点已经很不容易了。

周威烈王二十三年（公元前 403 年）韩、赵、魏三家分晋，韩国定都平阳（今山西省临汾县），后来又徙都阳翟（今河南省禹县），又迁都新郑（今河南省新郑县。现在河南省西北部和陕西省东部是当时韩国领土）。韩昭侯在位二十八年（公元前 362—公元前 333 年），昭是他的谥号。韩昭侯在位时曾用申不害为相，内修政务，外御强敌，国势安定。战国七雄之中，以韩国最为弱小。但韩昭侯在位期间任申不害主持国政，使韩国强盛，诸侯不敢侵韩。

韩昭侯在位期间，不但发展壮大了韩国，而且也为后世留下了一些有益的经验。

韩昭侯由于任用申不害为相国，使韩国兵强国治。

申不害原来本是郑国的一个地位很卑微的小官，由于他学习和掌握了黄老刑名的学说，就向韩昭侯讲说“刑名之学”，请求韩昭侯任用他。韩昭侯很欣赏申不害的才学，就任命他为韩国的相国。在韩昭侯的支持下，申不害对内整治政教，对外应付各国，前后进行 15 年，使韩国一直保持着强国的地位，并著书两篇，名为《申子》。

可是，有一次申不害为他的叔叔及哥哥请求官职，韩昭侯却不答应。为此，申不害一脸的不高兴。韩昭侯对他说："我向你学习的目的，是打算用来治理国家的。现在是听从你的请求而废弃你的学说呢？还是实行你的学说而废弃你的请求呢？你不是曾经教导我修治功劳记录，必须审视功劳大小来任用人，而今你却在法外另有私求，那我听哪个话才对呢？"申不害知道自己错了，赶紧向韩昭侯请罪（说这是申不害在试探韩昭侯）。

有一次，韩昭侯因饮酒过量，不知不觉便醉卧在床上，酣睡半晌都不曾清醒。他手下的官吏典冠担心君王着凉，便找掌管衣物的典衣要了一件衣服，盖在韩昭侯身上。

几个时辰过去了，韩昭侯终于睡醒了，他感到睡得很舒服，不知是谁还给他盖了一件衣服，他觉得很暖和，他打算表扬一下给他盖衣服的人。于是他问身边的侍从说："是谁替我盖的衣服？"侍从回答说："是典冠。"韩昭侯一听，脸立即沉了下来。他把典冠找来，问道："是你给我盖的衣服吗？"典冠说："是的。"韩昭侯又问："衣服是从哪儿拿来的？"典冠回答说："从典衣那里取来的。"韩昭侯又派人把典衣找来，问道："衣服是你给他的吗？"典衣回答说："是的。"韩昭侯严厉地批评典衣和典冠道："你们两人今天都犯了大错，知道吗？"

典冠、典衣两个人面面相觑，还没完全明白是怎么回事。韩昭侯指着他们说："典冠你不是寡人身边的侍从，你为何擅自离开岗位来干自己职权范围以外的事呢？而典衣你作为掌管衣物的官员，怎么能随便利用职权将衣服给别人呢？你这种行为是明显的失职。今天，你们一个越权，一个失职，如果大家都像你们这样随心所欲，各行其是，整个朝廷不是乱了套吗？因此，必须重罚你们，让你们接受教训，也好让大家都引以为戒。”

于是韩昭侯把典冠、典衣二人一起降了职。

韩昭侯的做法在今天看来也许有些过分，但他严明职责、严格执法、不以情侵法的精神，还是值得肯定的，也有一定的积极意义。

一语中的　片刻间破获大案

有很多案子都是十分复杂的，因为作案的凶徒一定会巧妙地遮掩犯罪的现场，将不利于自己的证据通通毁掉，这样一来就给断案带来很多麻烦。但有时候作案之人先入为主，对自己的犯罪行为提前有了恐惧和担忧，所以经常弄巧成拙，偷鸡不成蚀把米，把自己作恶的事情在一瞬间暴露出来。当然，能够在一瞬间识破案子原委的人也一定是十分了不得的，他能够敏锐地觉察到凶手的破绽，并且以此为突破口迅速地查明真相。这样的事实案例有很多，下面要讲的是一个发生在北宋年间的故事。

湖州人赵三与周生十分要好，两人相约一同到南京去做生意。起程的那一天，赵三先上船。因为时间太早，在船中打瞌睡。船夫张潮贪图他的金钱，悄悄地把船摇到偏僻的地方，把赵三沉到河里淹死了。

涨潮杀了人之后十分害怕，既紧张又兴奋。他为自己刚才的杀人罪行恐惧不已，但一想到自己劫夺来的钱财十分可观，也就顾不了许多了。但既然作了案，将来一旦事发，自己将会遭受灭顶之灾。他素来也是工于心计的人，他想，莫不如伪造掩饰一下，把杀人的嫌疑从自己身上刨除掉。

他苦思冥想了好一阵子，终于想到了一个自认为绝佳的办法，于是依计行事。

此后，他把船摇回原处，自己假装睡熟了。周生到后以为赵三还没有来，等了很久觉得不对劲，便喊醒张潮，叫他去催。张潮敲赵三的门，呼叫："三娘子，赵三为何还不来？"赵妻孙氏大惊道："他出门很久了，难道还没有上船吗？"张潮回复周生，周生很惊讶，便和孙氏到处找，找了三天不见踪影。周生怕受牵连，便写状子告到县里，县官怀疑孙氏别有缘故，害死自己的丈夫。很多人都这么认为，吓得孙氏号啕大哭，她指天发誓，说绝不是自己干的。可当县官问她可有证据证明自己不是凶手，孙氏说没有。这样一来，大家都觉得此人就是凶手了。

有个专管案子的杨评事是个十分精明的人，他在旁边看了状子说："敲门便叫'三娘子'，一定是晓得房中没有丈夫呀！"因此断定张潮有罪。经审问，张潮只得认罪。

一桩几乎没留下任何物证和人证的悬案，在顷刻间就得到了解决，这不能不说是一个奇迹。这个淹没在历史洪流中的小人物杨评事没留下姓名，但此人的火眼金睛也足以让千载之后的我们为之赞叹不已。那个杀人抢劫的张潮机关算尽，在当事人之间来往穿梭，也着实狡猾，但他先入为主，始终没有忘记自己犯下的罪恶，不知不觉将一个天大的漏洞摆在了嘴上。通过此案，我们得到了一点启示：公平的获得远非易事，破坏公平的人往往掩饰得十分巧妙。若要追查到底，还当事人一个公平，需要按照常规常理酌情推理，寻根溯源，这样才能发现其中的破绽。